Hamburger Symposium Geographie

Band 4

Geographie der Weltwirtschaft – Nach der Krise ist vor der Krise

Herausgegeben von
Jürgen Oßenbrügge

Schriftenreihe des Instituts für Geographie der Universität Hamburg

Hamburger Symposium Geographie, Band 4

> Die Deutsche Bibliothek – CIP Einheitsaufnahme
>
> **Oßenbrügge, Jürgen (Hrsg):**
> Geographie der Weltwirtschaft – Nach der Krise ist vor der Krise.
> Beiträge von Keil, Andreas; Parnreiter, Christof;
> Oßenbrügge, Jürgen; Thomi, Walter /
> hrsg. von Jürgen Oßenbrügge.
> – Hamburg: Institut für Geographie der Universität Hamburg, 2012
>   (Hamburger Symposium Geographie ; 4)
>   ISBN: 978-3-9813972-1-5

© 2012

Herausgeberin der Reihe: Beate M.W. Ratter
Schriftleitung: Arnd Holdschlag
Layout und Gestaltung: Claus Carstens
Covergrafik: © www.smętek.de (Grafik verändert)
Herstellung und Druck: Karl Neisius GmbH, 56333 Winningen

Hamburger Symposium Geographie – Geographie der Weltwirtschaft

Inhalt

Einleitung: Hamburger Symposium Geographie –
Wirtschaftsgeographie und Globalisierung 3
Jürgen Oßenbrügge

Teil A

Entgrenzte Produktion –
Transnationale Unternehmen und globale Produktionsnetze 13
Christof Parnreiter

Geographie der Finanz- und Wirtschaftskrise 35
Jürgen Oßenbrügge

Währungsräume im Spannungsfeld von Finanz- und Realwirtschaft –
Wirkungsmechanismen von
Währungs- und Finanzmärkten aus räumlicher Perspektive 57
Walter Thomi

Teil B

Didaktischer Beitrag zu Lehrmethoden

Weltwirtschaftskrise – verstehen was die Welt bewegt
Didaktische Ansätze und methodische Umsetzungen 83
Andreas Keil

Hamburger Symposium Geographie – Geographie der Weltwirtschaft

Einleitung:
Hamburger Symposium Geographie – Wirtschaftsgeographie und Globalisierung

Jürgen Oßenbrügge

erschienen in: Oßenbrügge, J. (Hg.): Geographie der Weltwirtschaft. Hamburg 2012
(Hamburger Symposium Geographie, Band 4): 3-9

Im Übergang zum 21. Jh. hat der Deutsche Bundestag eine Enquete-Kommission am 15.02.1999 mit der Aufgabe betraut, mögliche Probleme, Chancen und Handlungsbedarfe zu benennen, die mit der Globalisierung verbunden sind. Derartige Kommissionen werden immer dann eingesetzt, wenn die politischen Mandatsträger sich mit „unübersichtlichen" Herausforderungen konfrontiert sehen, deren Komplexität sich „normalen" politischen Willensbildungs- und Entscheidungsprozessen entzieht. Die in der Bezeichnung „Globalisierung" zusammengefassten Erscheinungen haben offenbar diese besondere Aufmerksamkeit zum Millenniumswechsel hervorgerufen. Zur Diskussion stand die Frage, ob die vermeintlich neuen, sich verstärkenden und ständig ausweitenden globalen Verflechtungen gegebenenfalls zu begrenzen und zu regulieren seien (Enquete Kommission 2002). Zudem wuchs nach den massiven Protesten in Seattle 1999 und Genua 2001 eine globalisierungskritische Bewegung heran, die besonders die Regierungen der „G7-Staaten" kritisierte und in der Folgezeit transnationale Widerstandsformen gegen die weitere Liberalisierung des Welthandels und die globale Finanzwirtschaft bündeln konnte.

Eine Eindämmung oder Regulierung globaler Verflechtungen unterblieb aber in den Folgejahren, bis im Jahre 2008 schlagartig deutlich wurde, dass das Ausmaß globaler Finanzverflechtungen über Nacht massive Erschütterungen auslösen kann. Die Folgen des Zusammenbruchs der Investmentbank Lehman Brothers haben klar gemacht, dass wir inzwischen in derart intensiven und weitreichenden finanzwirtschaftlichen Verflechtungen verfangen sind, die auf der globalen Ebene systemisch ablaufende Kollabierungen erzeugen und zahllose Insolvenzen einzelner Unternehmen, Privathaushalte, Kommunen und Staaten mit massiven Wirkungen auf das Alltagsleben nahezu aller Bewohner der Erde auslösen können. Globalisierung ist ein unübersichtliches Risiko geworden und hat in diesem Verständnis einen ausgesprochenen „glokalen" Charakter, denn heute sind globale und lokale Kontexte untrennbar verflochten und voneinander abhängig.

Vor diesem Hintergrund ist es eine entscheidende Aufgabe der Wissenschaft und der Wirtschaftsgeographie, solche Erklärungsangebote für die sich rasch verändernde Welt zu liefern, die die individuelle und kollektive Orientierungs- und Handlungsfähigkeit erhalten, wiederaufbauen und erweitern. Dieser Aufgabe muss sich auch die Schule stellen und daher erfordert die Auseinandersetzung mit Globalisierungsphänomenen auch einen engen Dialog zwischen Forschung und Unterricht. Für einige Aspekte möchte dieser Band Anregungen und weiterführende Materialien anbieten. Angesprochen werden in

Hamburger Symposium Geographie – Geographie der Weltwirtschaft

diesem einleitenden Beitrag unterschiedliche Globalisierungsphänomene, die in späteren Aufsätzen exemplarisch vertieft werden. Dabei kann allerdings nicht der Anspruch verfolgt werden, einen systematischen, auf den Schulunterricht bezogenen Überblick zu geben (vgl. dazu Schamp 2008). Vielmehr leben die Beiträge von der Aktualität der Wirtschafts- und Finanzkrise, die bisher aus geographischer Sicht in Deutschland nur rudimentär aufbereitet worden ist (vgl. Oßenbrügge 2011; Scheuplein & Wood 2011; Thomi & Oßenbrügge 2011). Veränderungen der Weltwirtschaft werden damit im Lichte der gegenwärtigen Krise betrachtet, wodurch sich die Einschätzungen und Ausblicke der jeweiligen Verfasser verschieben. Auch gehen sie nicht von einem einheitlichen Forschungsparadigma aus, sondern bewegen sich in verschiedenen wissenschaftlichen Diskursen der Wirtschaftsgeographie. Einige davon werden in dieser Einleitung ebenfalls überblicksartig vorgestellt.

Erscheinungsformen der Globalisierung als Gegenstandsbereich der Wirtschaftsgeographie

Mit der Bezeichnung Globalisierung werden in übergreifender Weise wirtschaftliche, politische und soziokulturelle Transformationsprozesse mit weltumspannender Reichweite zusammengefasst. Nach dem Fall der Mauer in Berlin 1989 und der Auflösung des Ost-West-Gegensatzes steht der rasante Aufstieg dieses Begriffs für ein neues Zeitalter (vgl. Abb 1). Mit ihm verbunden sind optimistische Einschätzungen der Zukunft wie neue wirtschaftliche Chancen, beschleunigte Innovationen für Produkte, Technologien und Dienstleistungen oder eine sich vergrößernde Angebotsvielfalt. Gleichzeitig werden die Erscheinungen der Globalisierung auch sehr kritisch gesehen. Zunehmende weltwirtschaftliche Verflechtungen würden mit einem Absinken der Wohlfahrtsstandards, zunehmender Prekarisierung der Arbeitswelt oder der Durchsetzung neoliberaler Kapitalinteressen einhergehen. Globalisierung ist damit ein umstrittener Begriff, der hier besonders in seinen wirtschaftlichen Dimensionen näher beleuchtet werden soll (vgl. auch Schirm 2006; Oßenbrügge 2007).

Die heute deutlich sichtbaren Veränderungen haben bereits während des „Wirtschaftswunders" in den Jahrzehnten nach dem Zweiten Weltkrieg eingesetzt und beschleunigten sich dann nach 1990 spürbar. Vier Antriebsimpulse lassen sich unterscheiden: Der erste Motor der Globalisierung wird von der kombinierten Wirkung der Ausdehnung des Welthandels und der Transportrevolution angetrieben. Ausgehend von den USA nahmen nach dem Krieg die Handelsverflechtungen, die besonders den Güteraustausch zwischen Nordamerika, Westeuropa und Ostasien (anfangs nur Japan) betrafen, schnell zu. Dann setzte die „neue internationale Arbeitsteilung" ab den 1970er Jahren ein, die zur Verlagerung arbeitsintensiver Produktionsschritte in solche Weltregionen führte, die geringe Lohnkosten aufweisen. Neben den Austausch von Endprodukten trat nun auch der Handel mit Halbfertigproduktion. Im Ergebnis steigerten sich die Handelsvolumina weitaus stärker als die Weltproduktion. Abhängig war dieser Trend auch von logistischen Innovationen. Denn ein weiterer Wachstums- und Beschleunigungseffekt ergab sich aus der Transportrevolution, besonders durch die Einführung des Containers, die bereits in den 1960er Jahren stattfand und sich in den 1980er Jahren voll entfaltete. Die normierten Behälter erlaubten einen enormen Rationalisierungsgewinn im Transport auf See und auf dem Land ebenso wie eine extreme Beschleunigung des Umschlags in den Häfen und an den Ver- und Entladestationen. Besonders ausgeprägte logistische Knoten finden sich dementsprechend an den Standorten der See- und Flughäfen.

Ein zweiter Motor der Globalisierung stellt die weltweite Integration der Finanzwirtschaft dar. Zum einen nahmen besonders seit den 1980er Jahren die ausländischen Direktinvestitionen

Hamburger Symposium Geographie – Geographie der Weltwirtschaft

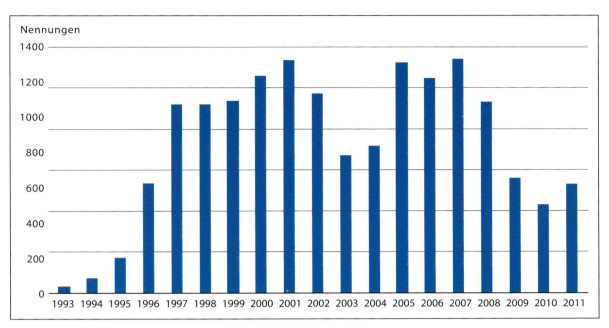

Abb. 1: Die Karriere des Wortes „Globalisierung" in der Tagespresse
(Nennungen in der FAZ, Datenquelle: Enquete Kommission 2002, ergänzt)

stark zu. Aus internationalen Unternehmen, die zuvor lediglich Zweigwerke außerhalb ihrer Heimatländer errichtet hatten, wurden schrittweise multi- und transnationale Unternehmen. Diese weisen eine global integrierte Produktionsstruktur auf, verfügen über weltweit verteilte Absatzmärkte und ihre Eigentümer (*shareholder*) kommen aus unterschiedlichen Staaten. Zum anderen folgte die Finanzwirtschaft den Globalisierungsstrategien der Produktionsunternehmen und damit internationalisierten sich die Kapitalflüsse. Zusätzlich sorgten Deregulierungen nationaler Finanzmärkte und die Einführung leicht handelbarer Finanzprodukte (z.B. Derivate) für die zunehmende Integration zuvor getrennter Marktsegmente. Gleichzeitig erzeugten diese Produkte aber auch neue Märkte und eine Abkopplung der Bankengeschäfte von der so genannten Realwirtschaft, die mit der Herstellung und der Verteilung von Grundstoff-, Investitions- und Konsumgüter beschäftigt ist.

Den dritten Motor stellen die Informations- und Kommunikationstechnologien dar. Die Digitalisierung der Information, ihre Übertragung in Echtzeit durch schnelle Datenleitungen und die enorm gesteigerten Möglichkeiten ihrer Verarbeitung sorgten für einen kaum zu überschätzenden technologischen Impuls der Globalisierung. Neben der Containerisierung ist daher der beschleunigte Austausch wirtschaftlicher und besonders auch finanzieller Informationen und Werte ein weiteres charakteristisches Merkmal der Globalisierung. Der derzeitige Ausbau des World Wide Web führt die laufende Revolutionierung des Informationsaustauschs in rasantem Tempo weiter.

Ein vierter Motor ergibt sich aus den sich ändernden globalen wirtschaftspolitischen Ordnungsrahmen. Die Politik ist keineswegs Opfer der Globalisierung, die sich etwa den wirtschaftlichen Veränderungen anpassen muss, sondern sie setzt die entscheidenden Rahmenbedingungen, durch die eine zunehmende globale Integration der Wirtschaft möglich wird. Hier spielt die wirtschaftliche, politische und militärische Macht der Staaten eine große Rolle, die für die Definition und Auslegung der Regeln eingesetzt werden kann. Ausgehend von den verschiedenen GATT-Runden seit dem Kriegsende hat sich im internationalen System eine liberale Welthandelsordnung durchgesetzt, die in der Tendenz zu einem global einheitlichen Wirtschaftsraum führt. Wichtige Maßnahmen sind die Reduzierung der Zölle, der Abbau von Handelshemmnissen, die Entwicklung von Produkt- und Technologiestandards, die Schaffung von überstaatlichen Wirtschaftsräumen, wie die Europäische Union oder NAFTA, der Schutz des geistigen Eigentums (Patente) oder die Sicherung internationaler Verkehrswege. Diese technologischen Möglichkeiten haben zudem eine signifikante Zunahme finanzwirtschaftlicher Transfers befördert, die mehr und mehr automatisch An- und Verkäufe organisieren.

Diese Treiber der Globalisierung führen nicht zu gleichmäßigen, linear verlaufenden und damit absehbaren Vorgängen, sondern zu zyklischen Auf- und Abschwüngen, zu schwerwiegenden Krisen, zu neuen Abhängigkeiten und verstärkten geographischen Ungleichheiten. So bleiben trotz insgesamt zunehmender weltweiter Verflechtungen einige Regionen „außen vor". Beispielsweise sind große Teile Afrikas sowie Wirtschaftsräume in Vorder-, Zentral- und Südasien bisher kaum von der Dynamik erfasst und dienen weiterhin, soweit vorhanden, lediglich als Rohstoffquellen für die stoffliche Produktion. Jedoch gibt es auch ausgesprochene Gewinner der Globalisierung. Ostasiatische Wirtschaftsräume wie Südkorea, Taiwan, Hongkong und Singapur haben als „asiatische Tiger" bereits zu den Wirtschaftsgroßmächten aufgeschlossen; derzeit zeigen die so genannten BRIC-Staaten Brasilien, Russland, Indien und China, dass Globalisierung zu einer geoökonomischen Umverteilung wirtschaftlicher Potentiale führen kann.

Der wirtschaftliche Aufholprozess verläuft auch in den Gewinnerregionen nicht flächendeckend, sondern konzentriert sich in Großstädten. So hat die Globalisierung zur Bildung eines Städtesystems beigetragen, über das die weltweite Vernetzung der Produktion und Innovation, des Handels und der Dienstleistungen organisiert wird. Großstadtregionen bilden die kreativen Zentren, die Transportknoten und die Machtkomplexe der globalisierten Wirtschaft. Sehr deutlich zeigt sich dieses in der Ballung finanzwirtschaftlicher Transaktionen in Städten wie New York, London, Frankfurt oder Hongkong. Die räumliche Konzentration der Wirtschaft führt aber auch zu einem Nebeneinander sehr reicher und sehr armer sozialer Verhältnisse. Die weltweiten Ungleichheiten, die früher zwischen hoch entwickelten industriellen Gesellschaften und Entwicklungsländern räumlich getrennt erschienen, werden durch die Globalisierung und der damit verbundenen internationalen Migration zunehmend an einem Ort sichtbar.

Das erreichte Ausmaß der Globalisierung hat die jüngste Finanz- und Wirtschaftskrise deutlich gemacht. Das Platzen spekulativer Immobilienblasen in den USA führte zu einem weltweiten Quasi-Zusammenbruch marktwirtschaftlich regulierter Verhältnisse im Finanzwesen, der nur durch weit reichendes staatliches Eingreifen vermieden werden konnte. Folge sind aber enorme Schuldenbelastungen der öffentlichen Hand, gewaltige Produktions- und Transporteinbrüche, Arbeitsmarktkrisen und nachhaltige Währungsturbulenzen. Trotz inzwischen eingetretener Beruhigung und optimistischen Erwartungen ist das Ausmaß möglicher wirtschaftlicher und gesellschaftlicher Verwundbarkeit spürbar geworden, die sich aus den globalen Verflechtungen herleiten lassen. Mit zunehmender Globalisierung dürfte diese Krisenanfälligkeit in Zukunft keineswegs geringer werden.

Wirtschaftsgeographische Zugänge zur Globalisierungsfrage
Inzwischen liegen zahlreiche Interpretationsversuche zur dichten Beschreibung und Erklärung der Globalisierungserscheinungen vor. Die für diesen Beitrag relevante wirtschaftsgeographische Globalisierungsforschung, die sich dem Dialog zwischen Forschung und Unterricht ver-

pflichtet fühlt, wurde zuletzt von Schamp (2008) in seinem Einleitungsbeitrag zu dem Sammelwerk „Globale Verflechtungen" zusammengefasst. Neben der bereits aufgeworfenen Frage, ob Globalisierung wirklich etwas Neues darstellt oder lediglich ein neuer Ausdruck altbekannter Entwicklungen ist, geht er auf ältere und zeitgenössische Zugänge der Welt-Wirtschaftsgeographie ein. Die älteren Fachbeiträge, die sich besonders mit Aspekten des Welthandels beschäftigt haben und mit im Fach bekannten Namen wie Lütgens, Obst, Boesch und Otremba verbunden sind, bieten nach Schamp (2008) wenige Anknüpfungspunkte für die Untersuchung der heutigen Erscheinungsformen. Dementsprechend liegt die Schlussfolgerung nahe, dass die wissenschaftliche Auseinandersetzung mit den neuen Formen der Weltwirtschaft auch auf neue Ansätze der Wirtschaftsgeographie aufbauen muss. Einige sollen im Folgenden kurz skizziert werden.

Die größte Verbreitung und Aufmerksamkeit in der Geographie zu diesem Thema kann derzeit das Buch *„Global Shift"* von Dicken (2011) in Anspruch nehmen. Es ist inzwischen in der 6. Auflage erschienen (zuerst 1986) und geht von den Beobachtungen aus, die zuvor als Globalisierungserscheinungen benannt worden sind. Erklärt werden sie von Dicken mit theoretischen Anleihen der betriebswirtschaftlichen Unternehmenslehre, der Organisationstheorie und der institutionellen Wirtschaftsgeographie. Dicken hebt dabei besonders die Rolle der transnationalen Unternehmen hervor, die globale Verflechtungen aufbauen und steuern. Dabei werden Unternehmen jedoch nicht als isolierte Akteure konzipiert, sondern in Produktionssysteme eingebettet, wodurch die komplexe Vernetzung abgebildet wird, die spätestens seit der so genannten „neuen internationalen Arbeitsteilung" einsetzt hat. Weiterhin geht Dicken auch auf die institutionelle Einbettung der sich globalisierenden Produktionssysteme ein, also auf ihre Abhängigkeit von international gültigen Regeln, wie sie z.B. in der Welthandelsordnung der WTO oder den *Codes of Conduct* der OECD festgelegt worden sind, sowie auf staatliche und politische Rahmenbedingungen. Das neue Lehrbuch von Coe et al. (2007) gibt diese Perspektive gut wieder. Im vorliegenden Band setzt sich der Beitrag von Parnreiter mit dem Ansatz der globalen Produktionssysteme auseinander.

Ein anderer in der Geographie und der Stadtforschung breit rezipierter Zugang zu Globalisierungsphänomenen stellt die neue Debatte über Agglomerationen dar, die u.a. als *„Global Cities"*, *„World Cities"* oder *„Global City Regions"* bezeichnet werden. Sie bilden die räumlichen Knoten weltweiter Verflechtungen und verbinden damit globale und lokale Produktionskomplexe (vgl. Giese et al. 2011 sowie den letztjährigen Sammelband dieser Reihe, Parnreiter 2011). Ausgehend von dieser Grundperspektive lassen sich verschiedene Subrichtungen herleiten.

Zum einen stellt diese Forschung einen expliziten Kontrapunkt zu solchen Auffassungen dar, die der geographischen Vielfalt und Unterschiedlichkeit des globalen Wirtschaftsraumes im Kontext der Globalisierung eine untergeordnete Rolle zuweisen. Die Betonung genereller und spezifischer Agglomerationsfaktoren lassen Aussagen als weit überzogen erscheinen, wie *„end of geography"* oder *„the world is flat"*, die sehr stark den räumlich nivellierenden Einfluss moderner IuK-Technologien sowie die abnehmende Bedeutung nationalstaatlicher Einflussnahme betonen (Weltbank 2009).

Zum Zweiten besteht der naheliegende Versuch, die Forschungen über die genannten globalen Produktionssysteme mit dem Global-City-Ansatz konzeptionell zu verbinden. Im Vordergrund steht hier die theoretische Synthese der zwei derzeit wichtigsten wirtschaftsgeographischen Forschungsrichtungen, wodurch offene Fragen der räumlichen Organisation der Produktionssysteme und die Funktion der Knotenbildung in den globalen Verflechtungen genauer bearbeitet werden können (Derudder & Witlox 2010).

Zum Dritten erlaubt diese Perspektive eine Reinterpretation und verstärkte Unterstützung raumbezogener Maßnahmen der Wirtschaftsförderung und Entwicklungszusammenarbeit. Wenn Agglomerationen als solche und Verflechtungen unter ihnen eine besondere Wachstumsdynamik auslösen und verstetigen, dann ist es auch naheliegend, sich Instrumente einer entsprechenden Regionalpolitik konzeptionell zu erschließen. Für diese Richtung nimmt der Weltentwicklungsbericht von 2009 einen paradigmatischen Wert ein, da er sehr illustrativ die Überscheidungsbereiche zwischen Wirtschaftsgeographie und Wirtschaftswissenschaft markiert (Weltbank 2009) und Handlungsempfehlungen gibt, die auf liberalen Überzeugungen möglicher Globalisierungsgewinne durch Freihandel und barrierearmen Austausch von Gütern, Kapital und Wissen aufbauen.

Gegen solche globalisierungsbejahenden oder auch neoliberalen Argumente wendet sich die globalisierungskritische Forschung in der Wirtschaftsgeographie. Zusammen mit entsprechenden Positionen der Politik- und Wirtschaftswissenschaft kann sie auch als „Internationale" oder „Globale Politische Ökonomie" bezeichnet werden (Bieling 2009). Im Zentrum dieser Forschung stehen die wachsenden Ungleichheiten, die im Kontext der neoliberalen Transformation von Wirtschaft und Gesellschaft seit Mitte der 1980er Jahre sichtbar geworden sind. Auch hier lassen sich einige Subrichtungen ausgrenzen:

Zum Ersten nimmt die globalisierungskritische Forschung die bereits benannten Richtungen auf und betont das Machtungleichgewicht und die möglichen Ressourcentransfers innerhalb der Produktionssysteme, die in der Regel zugunsten der Hauptquartiere und Aktieneigner transnationaler Unternehmen verlaufen. Weiterhin werden Global Cities auch als Machtkonzentrationen interpretiert, die weltweite Hierarchien ausbilden und festigen. Gleichzeitig weisen sie nach innen hin ein extrem hohes Maß an sozialer Ungleichheit auf und stellen damit besonders sichtbare Beispiele für sozial ungleich verlaufende Polarisierungsprozesse dar.

Zum Zweiten wird auf eine neuartige Strukturierung der Weltwirtschaft hingewiesen, die als Finanzialisierung bezeichnet wird. Dieser Begriff fasst Veränderungen der Real- und Finanzwirtschaft auf und geht von der Überlegung aus, dass finanzwirtschaftliche Kalküle wie Risikostreuung und Versicherheitlichung, kurzfristige Renditesteigerung sowie kreditfinanzierte Investitionen und Konsum zum zentralen Antrieb geworden sind. Gegenwärtig würden wirtschaftliche und politische Prozesse durch ein finanzdominiertes Wachstums- und Verteilungssystem gesteuert. Im vorliegenden Band setzen sich die Beiträge von Oßenbrügge und Thomi mit Fragestellungen der Finanzialisierung auseinander.

Zum Dritten ist seit Einsetzen der Wirtschafts- und Finanzkrise ein starkes Anschwellen an Untersuchungen zum krisenhaften Verlauf der wirtschaftlichen Entwicklung festzustellen. Ausgehend von lokalen Erscheinungsformen der so genannten *„subprime crisis"* auf den Wohnungsmärkten in den USA, aber auch in verschiedenen Ländern Europas, über das „Überschwappen" dieser begrenzten Krise in das Bankensystem und von da aus in die Realwirtschaft bis hin zu den heutigen Verschuldungskrisen der Banken und einzelner Staaten sowie der aktuellen Währungskrise im Euroraum wird häufig der Vergleich zur Weltwirtschaftskrise von 1928 hergestellt. Darüber hinaus gibt es Debatten über die multiple Krise oder Vielfachkrise, in denen neben den genannten sozioökonomischen Erscheinungen auch die problematischen Implikationen des globalen Umweltwandels einbezogen werden und damit die Klimakrise, die absehbare Endlichkeit fossiler Energieträger, der Verlust an Biodiversität und die weltweite Bodendegradation als weitere Motoren der umfassenden Gegenwartskrise auftauchen. Ausgangspunkt dieser Forschungsrichtung sind demnach Krisentheorien mit unterschiedlichen Zeithorizonten, Maßstabsebenen und Akteurskonstellationen (Brand & Shiva 2009).

Zusammenfassend lässt sich auch nach der hier vorgelegten, nur oberflächlich zu bezeichnenden Ordnung unschwer feststellen, dass sich unter dem Begriff Globalisierung und den mit ihm verbundenen Transformationsprozesse verschiedene Forschungsansätze gruppieren. Obwohl diese „heterodoxe" Struktur nicht leicht zu vermitteln ist, erhöht sie sukzessive unser Verständnis von Globalisierung. Daher ist festzustellen, dass die wirtschaftsgeographische Globalisierungsforschung sicherlich nicht mehr am Anfang steht, obgleich in den verschiedenen Forschungsfeldern noch markante weiße Flecken und Unklarheiten bestehen. Viele Krisenanzeichen wurden spät oder gar nicht erkannt, über auslösende Mechanismen wird laut gestritten und gleiches gilt für die Debatte über Lösungsmöglichkeiten der Krise. Trotz erreichter Fortschritte stehen der Erkenntnisprozess über die Globalisierungsrisiken und damit auch der Dialog über seine bildungsrelevante Vermittlung – hiermit beschäftigt sich abschließend der Beitrag von Keil im vorliegenden Band – noch am Anfang.

Literatur

BIELING, H.-J. (2009): Internationale Politische Ökonomie. Eine Einführung. 2. Aufl., Wiesbaden, VS

BRAND, U. & V. SHIVA (Hg.) (2009): Multiple Krise, München, Oekom

COE, N.M., KELLY, P.F. & H.W.-C. YEUNG (2007): Economic geography. A contemporary introduction, Malden, MA, Blackwell

DERUDDER, B. & F. WITLOX (eds.) (2010): Commodity chains and world cities, Chichester et al., Wiley-Blackwell

DICKEN, P. (2011 [i.e.2010]): Global shift. Mapping the changing contours of the world economy. 6th ed., Los Angeles, Sage

Enquete Kommission (2002): Globalisierung der Weltwirtschaft – Herausforderungen und Antworten. Schlussbericht. Deutscher Bundestag, Berlin (Drucksache 14/9200 [12.6.2002])

GIESE, E., MOSSIG, I. & H. SCHRÖDER (2011): Globalisierung der Wirtschaft. Eine wirtschaftsgeographische Einführung, Paderborn, Schöningh

OSSENBRÜGGE, J. (2007): Globalisierung und Fragmentierung als Pole der gesellschaftlich-räumlichen Differenzierung im neuen Jahrtausend, in: Gebhardt, H., Glaser, R., Radtke, U. & P. Reuber (Hg.): Geographie. Physische Geographie und Humangeographie, Heidelberg, Spektrum: 832-841

OSSENBRÜGGE, J. (2011): The economic crisis and the reshaping of geography, Die Erde, Vol. 142. No. 4: 357-375

PARNREITER, C. (Hg.) (2011): Stadt und Globalisierung, Hamburg, Institut für Geographie der Universität Hamburg (Hamburger Symposium Geographie 3)

SCHAMP, E.W. (Hg.) (2008): Handbuch des Geographieunterrichts 9. Globale Verflechtungen, Köln, Aulis

SCHEUPLEIN, C. & G. WOOD (Hg.) (2011): Nach der Weltwirtschaftskrise: Neuanfänge in der Region?, Berlin et al., Lit

SCHIRM, S.A. (2006): Globalisierung. Forschungsstand und Perspektiven, Bonn, Bundeszentrale für politische Bildung

THOMI, W. & J. OSSENBRÜGGE (2011): Risikofaktor Finanzmärkte: Krisen im Spannungsfeld von real- und finanzwirtschaftlichen Prozessen, Zeitschrift für Wirtschaftsgeographie, Vol. 55. No. 1: 1-4

Weltbank (2009): Wirtschaftsgeografie neu gestalten. Weltentwicklungsbericht 2009, Düsseldorf, Droste

Jürgen Oßenbrügge
Institut für Geographie
Universität Hamburg
Bundesstraße 55, 20146 Hamburg
ossenbruegge@geowiss.uni-hamburg.de
http://www.uni-hamburg.de/geographie/professoren/ossenbruegge

Teil A

Hamburger Symposium Geographie – Geographie der Weltwirtschaft

Entgrenzte Produktion –
Transnationale Unternehmen und globale Produktionsnetze

Christof Parnreiter

erschienen in: Oßenbrügge, J. (Hg.): Geographie der Weltwirtschaft. Hamburg 2012
(Hamburger Symposium Geographie, Band 4): 13-34

1. Einleitung

An welche sozialen und räumlichen Einheiten denken wir, wenn wir von Weltwirtschaft oder von Globalisierung sprechen? Welche Akteure stellen wir uns vor, wenn von grenzüberschreitendem Handel oder ausländischen Direktinvestitionen die Rede ist? Für die meisten Medien, Lexika und Lehr- wie Schulbücher stellen sich diese Fragen nicht – mit der allergrößten Selbstverständlichkeit wird behauptet, dass die Weltwirtschaft in Staaten organisiert sei: „Deutschland rutscht beim Export auf Platz drei", klagt der Spiegel (Spiegel Online, 18.04.2011), während Gablers Wirtschaftlexikon (1997) die Weltwirtschaft als die Beziehungen und Verflechtungen „zwischen den Volkswirtschaften" bezeichnet. Plattner (2002: 19) definiert im Lexikon der Geographie den Welthandel als die „Gesamtheit der Güter-, Dienstleistungs- und Finanztransfers zwischen den Staaten der Erde", und Dierckes Wörterbuch der Geographie tut es ihm fast wortgleich nach: Welthandel sei die „Gesamtheit des Außenhandels aller Staaten der Erde" (Leser 2011: 1073). Auch internationale Organisationen wie die Weltbank oder die Vereinten Nationen informieren über die wirtschaftliche Entwicklung, indem sie Staaten reihen – alphabetisch von Afghanistan bis Zimbabwe, in regionalen Gruppen oder gemäß ihrer Wirtschaftskraft.

Was in all diesen Darstellungen suggeriert wird, ist, dass eine bestimmte räumliche Einheit – der Nationalstaat – die „natürliche" sei, um wirtschaftliche Prozesse zu betrachten. Solches staatszentriertes Denken hat eine lange Tradition. Die Entwicklungsökonomie etwa sah es seit Adam Smith, David Ricardo und Friedrich List als ihre Aufgabe an, die Bedingungen zu erforschen, die für das Wirtschaftswachstum von Staaten förderlich sein sollten. Insgesamt sind die Sozialwissenschaften, die als intellektuelle Geschöpfe der sich formierenden europäischen Nationalstaaten entstanden, von Anfang an durch einen *„embedded statism"* (Taylor 1996) charakterisiert – ihre Aufgabe war es zunächst, Daten zu erzeugen und so zu interpretieren, dass sie „ihrem" jeweiligen Staat nützen konnten. Statistiken sind also zumeist *„state-istics"* (Taylor 2003).

Dieser Vorstrukturierung und Vororientierung des Denkens auf Nationalstaaten, die in der kritischen Literatur als methodologischer Nationalismus kritisiert wird (Wallerstein 1995), hält dieser Text eine Netzwerkperspektive auf die Weltwirtschaft gegenüber: „Entgrenzte Produktion" heißt, dass wirtschaftliche Entwicklung heute weniger denn je in nationalen „Containerräumen" stattfindet, und dass deshalb auch unsere Instrumentarien, sie zu untersuchen, ein globale Perspektive brauchen. Hier werden, nachdem zunächst ein Beispiel solch entgrenzter Produktion gezeigt wird, nicht-staatszentrierte Ansätze zur Erforschung von Globalisierungsprozessen vorgestellt, die in der Wirtschaftsgeographie und darüber hinaus heute häufig verwendet werden: Die Konzepte der globalen Güterketten bzw. Produktionsnetze. Daran anschließend werden transnationale Konzerne als wesentliche Akteure der Globalisierung und ausländische Direktinvestitionen als Mittel zur Herstellung grenzüberschreitender Produktionsnetzwerke vorgestellt. Schließlich werde ich die Hintergründe der grenzüberschreitenden Verlängerung von Warenketten in den letzten 40 Jahren beleuchten.

2. Apple iPhones und iPods – Beispiele entgrenzter Produktion

Das iPhone von Apple ist ein globales Produkt, und zwar nicht nur, weil mehr als die Hälfte der gesamten Produktion außerhalb der USA – nämlich in 88 Ländern – verkauft wird, was dazu beiträgt, dass mittlerweile mehr als die Hälfe der Erlöse von Apple aus Verkäufen außerhalb der USA stammen (Iwatani & Rohwedder 2010). Auch in der Herstellung sind die Produkte von Apple global. Abgesehen von der Softwareentwicklung und dem Produktdesign werden die iPhones und iPods außerhalb der USA hergestellt. Nach Angaben der Marktforschungsfirma iSuppli Corporation, die auf die Analyse von Wertschöpfungsketten in der Elektronikindustrien spezialisiert ist, sind an der Produktion des iPhones 3GS mindestens sieben Unternehmen in fünf Staaten beteiligt (vgl. Tab. 1). Während Firmen in Japan, Korea, Deutschland, den USA und China für die Herstellung von Komponenten des elektronischen Geräts und deren Montage etwa ein Drittel des von den Kund_innen zu bezahlenden Betrags erhielten (bei einem Verkaufspreis von 500 US-$ im Jahr 2009), bekam Apple für Entwicklung und das Branding ebenfalls ca. ein Drit-

Unternehmen	Komponente(n)	Wert (US-$)
Toshiba (Japan)	Flash Speicher	24,00
	LCD Modul	19,25
	Touchscreen	16,00
Samsung (Korea)	Prozessor	14,46
	DDR-SDRAM	8,50
Infineon (Deutschland)	Mobilfunk-Modem	13,00
	Kamera	9,55
	RF Transceiver	2,80
	GPS Empfänger	2,25
	IC-Rf-Lautsprecherempfänger	1,25
Broadcom (USA)	Bluetooth/FM/WLAN	5,95
Numonyx (USA)	MCP Speicher	3,65
Murata (Japan)	FEM	1,35
Dialog Semiconductor (Deutschland)	Power IC Application Processor Function	1,30
Cirrus Logic (USA)	Audiocodec	1,15
Unbekannt		48,00
Foxconn (Taiwan)	Zusammenbau	6,50
	Gesamte Materialkosten	**178,96**

Tab. 1: Apple iPhone 3GS, beteiligte Unternehmen, Komponenten und Preise 2009 (Rassweiler 2009, eigene Übersetzung)

Entgrenzte Produktion

Unternehmen	Komponente(n)	Wert (US-$)
Toshiba (Japan)	Festplatte	73,39
	LCD Module	23,27
Broadcom (USA)	Grafikprozessor	8,36
Poratl Player (USA)	Controller	4,94
Inventec (Taiwan)	Zusammenbau	3,86
Unbekannt (vermutlich Japan)	Batterien	2,89
Samsung (Korea)	SDRAM	2,37
Unbekannt (vermutlich Taiwan)	Gehäuse	2,30
Unbekannt (vermutlich Taiwan)	Hauptplatine	1,90
Elpida (Japan)	Mobiler Speicher	1,85
	Gesamte Materialkosten	**125,13**

Tab. 2: Apple 30 GB iPod, beteiligte Unternehmen, Komponenten und Preise 2005 (Linden et al. 2009)

tel. Der Rest floss in Vertrieb und Handel. Ähnlich sieht es bei anderen Apple-Produkten aus. Vom Ladenpreis eines iPods (299 US-$ im Jahr 2005) gingen etwa 27 % an Apple, 25 % flossen in Vertrieb und Handel (vgl. Tab. 2). Die verbleibenden knapp 180 US-$ verteilten sich auf Subunternehmen in den USA und in Asien, die die etwa 451 Komponenten liefern, die teils wiederum bei nicht erfassten Sub-Subunternehmern hergestellt wurden, und montieren (Linden et al. 2009; Rassweiler 2009; Lo 2011).

Um solch weit verzweigten Produktions- und Distributionsgeflechte zu erfassen, wurden in der Forschung verschiedene Netzwerksansätze entwickelt. Hier sollen drei Konzepte kurz vorgestellt werden, die sich zwar hinsichtlich der verwendeten Terminologie, des Erkenntnisinteresses und der analysierten Akteurskonstellationen etwas voneinander unterscheiden, die aber verbindet, dass sie nicht-staatszentrierte und prozessorientierte Ansätze zur Erforschung von Globalisierungsprozessen darstellen: Die Forschungen zu globalen Güter- oder Warenketten (*global commodity chains*), zu globalen Wertschöpfungsketten (*global value chains*) und zu globalen Produktionsnetzwerken (*global production networks*).

3. Theoretische Konzepte

Der Begriff *global commodity chains* und das Konzept der **globalen Warenketten** gehen auf die Weltsystemforschung zurück. Ausgehend von Reflexionen über geeignete Analyseeinheiten zur Untersuchung der Dynamiken des kapitalistischen Weltsystems konzeptualisierten Immanuel Wallerstein und Terence Hopkins die Weltwirtschaft *nicht* als eine Ansammlung staatlicher Container (Volkswirtschaften), die miteinander in Austausch stünden, sondern als eine Reihe von (häufig grenzüberschreitenden) Interaktionen zwischen *Unternehmen*. Diese Interaktionen werden als Warenkette versinnbildlicht, die definiert wird als *„a network of labour and production processes whose end result is a finished commodity"* (Hopkins & Wallerstein 1986: 159). Die konzeptionelle Idee (die bis heute empirisch kaum einzulösen ist) war es, für bestimmte Güter *alle* zu ihrer Herstellung notwendigen materiellen und immateriellen Inputs zu erfassen und zu verorten. Die Standorte der einzelnen Produzenten, die Rohmaterialien, Arbeitskraft oder Wissen in Warenketten einspeisen, stellen die Knoten der Warenketten dar, während die Interaktionen zwischen den Firmen die *"spaces of flows"* schaffen. Wallerstein betont, dass solche grenzüberschreitende Warenketten konstitutiv für die Entwicklung des Kapitalismus sind, weil sie sowohl effizient sind (Inputs werden dort bezogen, wo sie am günstigsten sind) als auch undurchsichtig hinsichtlich der Schaffung und Verteilung der Werte: *"The opacity of the distribution of the surplus-value in a long commodity chain is the most effective way to minimize political opposition, because it obscures the reality and the causes of the acute polarization of distribution"* (Wallerstein 1999: 58).

Aufbauend auf dem Ansatz, dass die Weltwirtschaft in (globalen) Warenketten organisiert ist, in denen der erwirtschaftete Wert ungleich verteilt wird, skizziert Wallerstein eine von Zentren und Peripherien geprägt Geographie der Weltwirtschaft: "Nun waren Warenketten in ihrer geographischen Ausrichtung nicht ohne Ziel. Wenn man sie auf Karten einzeichnete, so würde man feststellen, dass sie zentripetal waren. Ihre Ursprünge waren vielfältig, ihre Bestimmungsorte neigten jedoch dazu, in einigen wenigen Gebieten zusammenzulaufen. Das bedeutet in unserer gängigen Sprache, sie neigten dazu, sich aus der Peripherie der kapitalistischen Weltwirtschaft in die Zentren zu bewegen" (Wallerstein 1984: 25). Und an anderer Stelle: *"… some areas appear as cores or centers, in virtue of the many relational sequences leading from or to them, while others appear as the hinterlands of these centers in virtue of the small number of relations leading from or to them and locating them as arenas of world-system activities"* (Hopkins & Wallerstein 1977: 114).

Warum sind manche Orte Zentren, durch die viele Warenketten laufen? Weil an ihnen Inputs hergestellt und gehandelt werden, die einerseits von vielen, wenn nicht allen Produzenten benötigt werden, und die andererseits knapp sind (oder gehalten werden). Die Folge sind hohe Preise und ein hoher Anteil an der Wertschöpfung, wie das obige Beispiel von Apple zeigt: Idee und Firmennamen erlauben es, rund 30 % des Erlöses eines elektronischen Geräts nach Silicon Valley zu ziehen, während für die Montage der einzelnen Geräte in China gerade mal 1,3 % übrig bleiben (von denen ein nicht eruierter, aber vermutlich großer Anteil wieder nach Taipei, Taiwan, fließt, wo die Firma Foxconn ihren Sitz hat). Die Forschung zu globalen Warenketten war von Anbeginn an getrieben vom Bestreben, die Dynamiken ungleicher Entwicklung zu erkennen, in denen die soziale und die räumliche Hierarchisierung von wirtschaftlichen Tätigkeiten parallel erfolgt und dabei weltwirtschaftliche Zentren und Peripherien schafft.

In den 1990er Jahren wurde, v.a. durch die Arbeiten von Gary Gereffi, die *global-commodity-chain*-Forschung zu einem relativ kohärenten Forschungsparadigma weiterentwickelt. Eine bis heute weitgehend akzeptierte Definition einer globalen Warenkette geben Gereffi, Korzeniewicz und Korzeniewicz: *"A global commodity chain consists of sets of interorganizational networks clustered around one commodity or product, linking households, enterprises, and states to one another within the world-economy. These networks are situationally specific, socially constructed, and locally integrated, underscoring the social embeddedness of economic organization"* (Gereffi et al. 1994: 2). Um komplexe Warenketten untersuchen zu können, schlägt Gereffi (1994) vier analytische Dimensionen vor:

- Die **Input-Output-Struktur** von Warenketten: Produkte und Dienstleistungen, die selbst schon Ergebnis von Wertschöpfung sind, werden in weiteren wertschöpfenden Aktivitäten miteinander verbunden (vgl. das Beispiel der Kaffeekette in Abb. 1).
- Die **Territorialität** von Warenketten: Wertschöpfende Aktivitäten sind nicht gleichförmig verteilt, sondern weisen eine bestimmte Geographie auf. Entscheidend ist, dass die Arbeitsteilung in Warenketten sowohl funktional, also tätigkeitsbezogen, als auch geogra-

Entgrenzte Produktion

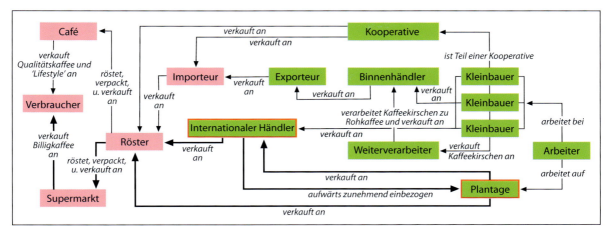

Abb. 1: Die globale Warenkette des Kaffees (Lewis & Clark College of Arts & Sciences, Portland, USA o.J., eigene Bearbeitung und Übersetzung, Grafik: C. Carstens)

phisch organisiert ist: Produktionsprozesse werden in Arbeitsschritte zerlegt und zugleich wird diesen einzelnen Arbeitsschritten sowohl eine unterschiedliche Wertigkeit zugemessen, die sich in einem unterschiedlich hohen Anteil am gesamten, im Produktionsprozess geschaffenen Mehrwert ausdrückt, als auch ein bestimmter Ort, an dem die Arbeitsschritte ausgeführt werden. Die Zentren sind die Orte, die bei dieser Einteilung gewonnen haben – sie konzentrieren die Arbeitsprozesse hoher Wertschöpfung.

- Die **Steuerung** von Warenketten (oder ihre *governance*-Struktur): Die ungleiche Verteilung der Wertschöpfung und -aneignung erfolgt nicht entlang „äußerer" Bedingungen (wie etwa ökologischer Gegebenheiten) oder dem Produktionsprozess „inhärenter" (z.B. technologischer) Momente, sondern ist das Ergebnis einer sozialen Organisation der Produktion. Diese ist durch (ungleiche) Machtverhältnisse bestimmt – wer in einer Warenkette die *governance* ausübt, hat die Autorität „*(to) determine how financial, material and human resources are allocated and flow within a chain*" (Gereffi et al. 1994: 97).

- Der **institutionelle Rahmen** von Warenketten: Unternehmen sind immer in lokale, nationale und internationale Zusammenhänge eingebunden, weshalb das Ausüben von Steuerungsfunktion immer den Bedingungen und Regulierungen auf diesen unterschiedlichen Ebenen unterworfen ist.

Der Aspekt der *governance* von Warenketten wurde in einem Forschungszweig vertieft, der sich ab etwa Mitte der 2000er Jahre entwickelte. Die **global value chain-Forschung** baut auf der Warenkettenforschung auf, ohne allerdings deren politökonomische Intention, die Mechanismen ungleicher Entwicklung zu erfassen und zu erklären, zu teilen. Beeinflusst durch betriebswirtschaftliche Literatur (u.a. zu Transaktionskosten) und sehr stark anwendungsorientiert setzt die Wertschöpfungskettenforschung ihren Schwerpunkt auf den Themenkomplex *governance-upgrading*. Im Mittelpunkt steht dabei die Frage, ob und unter welchen Bedingungen Unternehmen (v.a. in der „Dritten Welt"), die als Zulieferer in globale Wertschöpfungsketten eingebunden sind, durch diese Integration Chancen haben oder bekommen, sich selbst wirtschaftlich weiterzuentwickeln und dadurch auch zur Entwicklung ihrer Region oder ihres Landes beizutragen. Ob es zu diesem *upgrading* kommt, hängt, so die Annahme, wesentlich von der Steuerungsform der grenzüberschreitenden Wertschöpfungskette ab. Idealtypisch werden fünf verschiedene Steuerungsformen für Wert-

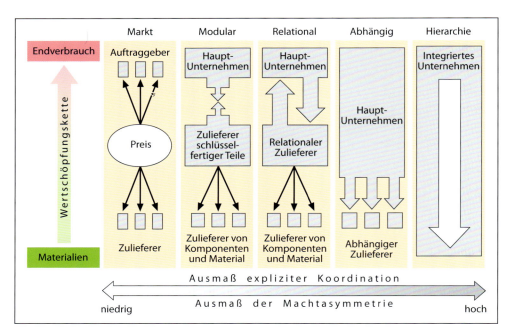

Abb. 2: Governance-Modelle in Wertschöpfungsketten (Gereffi et al. 2005, eigene Übersetzung, Grafik: C. Carstens)

schöpfungsketten unterschieden (Gereffi et al. 2005), von denen reine Marktbeziehungen und firmeninterne Hierarchien die beiden Extreme bilden (vgl. Abb. 2). Während bei den Marktbeziehungen die Steuerung des Austausches zwischen zwei Unternehmen im Wesentlichen über die Preisbildung erfolgt, findet bei firmeninternen Hierarchien die Steuerung top-down durch das Management statt. Von den verbleibenden drei Steuerungsformen – abhängige (*captive*), relationale und modulare Wertschöpfungsketten – bietet die erste den Zulieferern kaum Entwicklungsmöglichkeiten. Die so genannte *lead firm*, also das Unternehmen, das die Kontrolle über die Produktionskette inne hat (i.d.R. ein transnationaler Konzern), übt ein hohes Maß an Kontrolle über andere Unternehmen in der Wertschöpfungskette aus, die meist klar abgegrenzte Produktionsabschnitte mit einem geringen Wertschöpfungsanteil ausführen und ihren Abnehmer nicht oder nur unter hohen Kosten wechseln können. Häufig sind solche Abhängigkeitsbeziehungen etwa in der Textil-, Bekleidungs- und Schuhindustrie anzutreffen.

In relationalen und modularen Wertschöpfungsketten hingegen haben Zulieferer eine stärkere Position und deshalb auch mehr Entwicklungschancen. Relationale Wertschöpfungsketten zeichnen sich durch gegenseitige Abhängigkeitsverhältnisse aus – die *lead firm* kann ihren Zulieferer nicht so ohne Weiteres wechseln, weil sie an diesen durch soziale (z.B. ethnische Bande) oder räumliche Nähe (z.B. Cluster) gebunden ist und weil er gute Kenntnisse über die entsprechenden Arbeitsabläufe besitzt, die neue Zulieferer nur mit hohen Kosten erwerben könnten. In den modularen Wertschöpfungsketten resultiert die relative Stärke der Zulieferer v.a. daraus, dass sie verhältnismäßig komplexe Produktionsabschnitte eigenständig bewältigen (z.B. den Motorblock in der Autoindustrie) und mit ihren Produkten nicht an eine *lead firm* gebunden sind, sondern i.d.R. ohne hohe Kosten auch zu einem anderen Abnehmer wechseln können.

Ein dritter Ansatz schließlich ist der der **globalen Produktionsnetzwerke**, der auch in den frühen 2000er Jahren entstand und der sich ebenfalls als Weiterentwicklung der Warenket-

Entgrenzte Produktion

tenforschung versteht (Henderson et al. 2002; Coe et al. 2008). Dicken (2007: 10) fasst den Kern, der globale Produktionsnetzwerke ausmacht, so zusammen: *„Here lies the key: to think of economic processes (production, distribution, consumption) in terms of connections of activities, linked through flows of both material and non-material phenomena into circuits and networks. Such circuits and networks constitute relational structures and processes in which the power relationships between the key 'actors' – firms, states, individuals, social groups – are uneven"*.

Dieses Zitat lässt die beiden wesentlichen Unterschiede zum Ansatz der globalen Warenketten, aber auch zur Wertschöpfungskettenforschung erkennen. Zum einen wird in der Forschung zu globalen Produktionsnetzwerken die Komplexität grenzüberschreitender Produktion stärker betont – das Bild der „Kette", das die Abfolge einzelner Produktionsabschnitte hervorhebt, sei, so die Kritik, zu linear. Unternehmen, die in Waren- oder Wertschöpfungsketten vertikal miteinander verbunden sind, sind zugleich in horizontale, nicht-lineare Beziehungen eingebunden, die für das Verständnis der Organisation und Steuerung der grenzüberschreitenden Produktion ebenso wichtig sind wie die Transaktionen zwischen Unternehmen. Damit ist bereits der zweite wesentliche Unterschied angesprochen: Der Ansatz zu globalen Produktionsnetzwerken weitet den Fokus aus und bezieht nicht nur Unternehmen, sondern auch andere relevante Akteure und institutionelle Regeln, die die *governance* beeinflussen (können), mit ein: Regierungen, Gewerkschaften, Nichtregierungsorganisationen, Handelsabkommen, internationale Standards, etc. Der Anspruch der Produktionsnetzwerksforschung ist es also, die politische und kulturelle Einbettung von Unternehmen deutlicher zu machen – und damit die gesellschaftlichen Bedingungen, unter denen produziert und konsumiert wird, stärker hervorzuheben.

Trotz aller Unterschiede zwischen den Forschungen zu *global commodity chains*, *global value chains* und *global production networks* sollen hier die Gemeinsamkeiten hervorgehoben werden: Es handelt sich um Ansätze einer nichtstaatszentrierten Globalisierungsforschung, die in den grenzüberschreitenden Produktions- und Handelsnetzwerken von Unternehmen die wesentliche Struktur der Weltwirtschaft erkennen – und nicht in nationalen „Volkswirtschaften". Der Fokus liegt also nicht auf Containerräumen, sondern auf materiellen (z.B. Komponenten) und immateriellen Flüssen (z.B. Wissen), ihren Knoten und deren gesellschaftlicher Einbettung. Die Austauschbeziehungen zwischen Unternehmen sind durch ungleiche Beziehungen und asymmetrische Machtverteilung gekennzeichnet, die für die Herausbildung von weltwirtschaftlichen Zentren und Peripherien verantwortlich sind und die zugleich die Bedingungen zu deren Transformation abstecken.

Die Behauptung, dass die Weltwirtschaft aus komplexen, grenzüberschreitenden Produktionsketten oder -netzen besteht, wirft zahlreiche Fragen auf: Von wem und wie werden sie geschaffen? Wie und von wo aus werden sie organisiert und gesteuert? Vor allem aber: Stimmt diese Behauptung überhaupt? Kann sie empirisch untermauert werden? Bevor die Fragen nach den zentralen Akteuren – den transnationalen Konzernen – und den Mitteln, wie sie grenzüberschreitende Warenketten schaffen – ausländische Direktinvestitionen – behandelt werden, möchte ich auf das Problem der empirischen Belege eingehen. Zum einen zeigen zahlreiche Fallstudien aus unterschiedlichen Wirtschaftszweigen und Regionen, wie der Kaffee in unsere Tassen kommt, die Halbleiterindustrie organisiert ist oder das Geschäft mit dem Fernweh in der Tourismuswirtschaft gesteuert wird (für eine Sammlung von Fallstudien zu globalen Warenketten vgl. die Datenbank der Global Value Chains Initiative unter http://www.globalvaluechains.org/form_search_publications.php). Zum anderen lassen sich auch aus makroökonomischen Daten Schlüsse hinsichtlich der Ausbreitung globaler Produktionsnetze ziehen. Eine solche Herangehensweise wird im nächsten Abschnitt dargestellt.

4. Außenhandel – oder konzerninterne Netzwerke?

Der grenzüberschreitende Handel hat seit den frühen 1970er Jahren und vor allem ab den 1990ern erheblich zugenommen, und zwar sowohl absolut als auch im Verhältnis zur Produktion. Weltweit wurde der Export von Gütern und Dienstleistungen seit 1970 real (d.h. inflationsbereinigt) auf das Neunfache gesteigert, während die Wirtschaftsleistung im gleichen Zeitraum nur auf das Dreieinhalbfache wuchs. Als Folge des deutlich schnelleren Wachstums der Exporte (und natürlich auch der Importe) ist die Außenhandelsquote markant gestiegen – 1970 machten alle Ex- und Importe zusammen 23 % der weltweiten Wirtschaftsleistung aus, 40 Jahre später schon 62,9 % (Abb. 3). Die Wirtschaften der einzelnen Länder sind heute also viel offener, außenorientierter und damit auch außenabhängiger als vor 50 Jahren. Allerdings gibt es erhebliche Unterschiede zwischen einzelnen Ländern, und zwar sowohl in regionaler Hinsicht als auch bezüglich ihres wirtschaftlichen Entwicklungsstandes. Die mit Abstand höchste Außenhandelsquote haben die Länder mittleren Einkommens, zu denen die Weltbank beispielsweise China, Indien, Vietnam, die Philippinen und Thailand, aber auch Brasilien, Mexiko und Chile zählt. Die Länder hohen Einkommens sind – im Verhältnis zu ihrer Wirtschaftsleistung – die am wenigsten offenen; ihre Außenhandelsquote liegt sogar knapp unter der der Länder niedrigen Einkommens. Nirgendwo ist in den letzten 30 Jahren der Außenhandel im Verhältnis zur

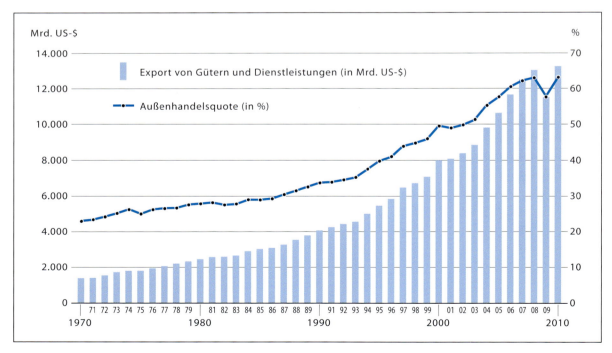

Abb. 3: Weltweite Exporte von Gütern und Dienstleistungen und Weltaußenhandelsquote 1970-2010 (Eigene Berechnung nach World Bank 2012. Preise sind in konstanten US-$ von 2000. Außenhandelsquote ist das Verhältnis der Ex- und Importe zum Weltsozialprodukt.)

Entgrenzte Produktion

Wirtschaftsleistung stärker gewachsen als in den ärmsten Ländern, was ein deutlicher Hinweis einerseits auf die politische Durchschlagskraft der internationalen Finanzinstitutionen wie des Internationalen Währungsfonds ist, die ab den 1980er Jahren in den verschuldeten armen Ländern Strukturanpassungsprogramme durchgesetzt haben, die als Kernstück die Öffnung zum Weltmarkt beinhalteten. Andererseits ist der sehr starke Anstieg des Außenhandels in den ärmeren Ländern das Ergebnis der über die WTO institutionalisierten Liberalisierungspolitik. Geographisch gesehen sind Europa und Zentralasien sowie der Mittlere Osten und Nordafrika die Regionen mit der höchsten Außenhandelsquote, während Nordamerika die niedrigste hat. Die schnellste Öffnung vollzogen in den letzten 30 Jahren jedoch die Länder Ostasiens, der Pazifikregion sowie Südasiens (Abb. 4). Allerdings muss einschränkend hinzugefügt werden, dass die Außenhandelsquote nur bedingt über die Weltmarktintegration informiert, weil in kleinen Ländern (wie etwa in der Eurozone) der Außenhandel notwendigerweise eine größere Rolle spielt als etwa in den USA.

Die bislang präsentierten Daten zeigen einen starken Anstieg des Außenhandels von Staaten, sind also durch genau die Perspektive geprägt, die eingangs kritisiert wurde. Warum sollten sie, kann berechtigterweise eingewendet werden, über die Ausbreitung globaler Produktionsnetze oder über die grenzüberschreitende Verlängerung von Warenketten informieren? Warum sollte der Anstieg des inter-*nationalen* Handels auf jene neue Qualität in den Organisationslogiken von Produktion und Verteilung hinweisen, die vielfach als Merkmal der Globalisierung gesehen wird? Um diese Fragen zu beantworten, müssen die Daten näher spezifiziert werden.

Dass der Außenhandel, wie dargestellt, wesentlich schneller wächst als die Produktion, hat zwei Ursachen. Zum einen werden tatsächlich immer mehr Güter exportiert – an T-Shirts aus Vietnam oder Erdbeeren aus Spanien haben wir

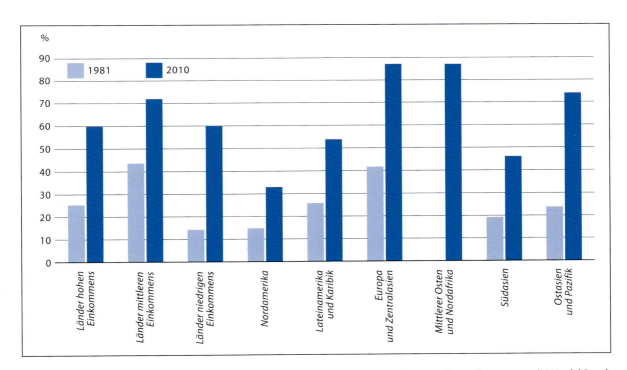

Abb. 4: Außenhandelsquote nach Ländergruppen 1981 und 2010 (%) (Eigene Berechnung nach World Bank 2012. Preise sind in konstanten US-$ von 2000. Für das subsaharische Afrika sind keine Angaben verfügbar. Für den mittleren Osten und Nordafrika beziehen sich die Werte auf 2007.)

uns längst gewöhnt. Zum anderen aber kann das überproportionale Wachstum der Exporte mit unterschiedlichen „Inhalten" statistischer Erhebungen erklärt werden: Handelsstatistiken zählen den gesamten Wert der in ein Land ein- bzw. ausgeführten Güter oder Dienstleistungen, während im Bruttosozialprodukt, wie der Begriff der Wert*schöpfung* ja betont, nur jene Werte erfasst sind, die tatsächlich in einem Land hergestellt bzw. hinzugefügt werden. Eingedenk dieser Unterschiede in der Statistik kann die wachsende Diskrepanz zwischen Export- und Produktionszahlen interpretiert werden als deutlicher Hinweis auf eine zunehmende funktionale Integration räumlich – und grenzüberschreitend – getrennter Einheiten: Weil heute immer mehr Güter in globalen Produktionsketten bzw. -netzwerken hergestellt werden, werden immer mehr Produkt*teile* grenzüberschreitend gehandelt, bevor eine Ware den Markt „betritt". „Nationale" Exportzahlen enthalten deshalb mit wachsender Tendenz nicht nur die in einem Land erbrachte Wertschöpfung, sondern immer auch die aus anderen Ländern importierten Werte. Dies lässt die Exportzahlen automatisch anschwellen, auch wenn, wie etwa im mexikanischen Beispiel (Parnreiter 2007: Kap. 5), realwirtschaftlich wenig Wertschöpfung dahinter steht (vgl. Abb. 5).

Diese funktionale Integration kann – als zweite Spezifizierung der Außenhandelsdaten – an der Zunahme des Handels innerhalb von Unternehmen (*intra-firm*-Handel) und innerhalb bestimmter Wirtschaftszweige (*intra-industry*-Handel) abgelesen werden. In den USA, dem Land, für das die verlässlichsten Datenreihen vorliegen, macht der *related parties trade*, also der Handel zwischen Unternehmen, die ganz oder teilweise im Besitz des gleichen Mutterkonzerns sind, etwa 40 % des gesamten Außenhandels aus (Abb. 6). Das heißt: Für fast die Hälfte der US-Importe und -Exporte gilt, dass Güter und Dienstleistungen zwar nationalstaatliche Grenze überschreiten, aber dabei *innerhalb* der Grenzen eines Unternehmens bleiben. Für bestimmte, v.a. technologieintensive Branchen liegt der Anteil des *intra-firm*-Handels noch deutlich höher. In der Autoindustrie beispielsweise, dem größten Subsektor im US-Außenhandel, sind im Zeitraum von 2002 bis 2010 fast 90 (!) % des Handelsvolumen zwischen *related parties* getätigt worden, also innerhalb der Netzwerke von US-Konzernen. In der Audio- und Videobranche sind es 61 %, in der Computerindustrie immerhin noch 55 % (Abb. 7). Global gesehen macht der *intra-firm*-Handel bei Hochtechnologieprodukten wie elektronischen Geräten, chemischen

Abb. 5: Diskrepanzen zwischen Produktion und Export (Eigener Entwurf, Grafik: C. Carstens)

Entgrenzte Produktion

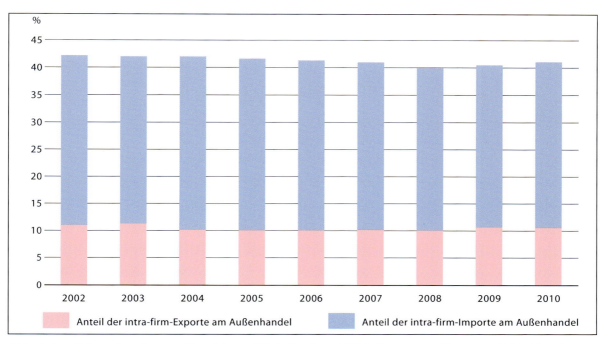

Abb. 6: Anteil des related-party-Handels am US-Außenhandel (%), Exporte und Importe, 2002-2010 (Eigene Darstellung, Datenquelle: US Census Bureau 2011. Als related party trade gelten Transaktionen mit Unternehmen, an denen mindestens sechs [Importe] bzw. zehn [Exporte] Prozent der Stimmanteile gehalten werden.)

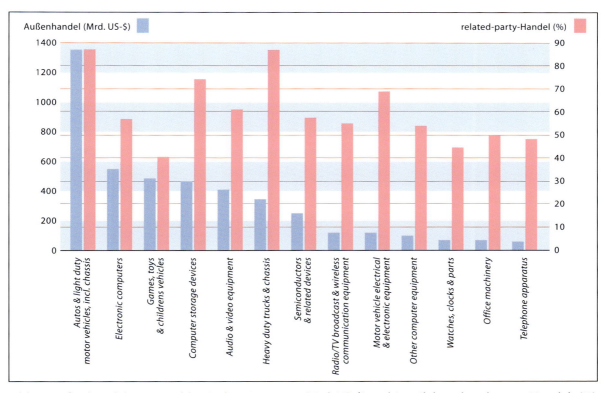

Abb. 7: Außenhandel ausgewählter Industriesparten (Mrd. US-$) und Anteil des related-party-Handels (%), USA, 2002-2010 (Eigene Darstellung, Datenquelle: US Census Bureau 2011, Grafik: T. Pohl. Als related party trade gelten Transaktionen mit Unternehmen, an denen mindestens sechs [Importe] bzw. zehn [Exporte] Prozent der Stimmanteile gehalten werden.)

Produkten oder Transportgütern bis zu 75 % des gesamten Welthandels aus (OECD 2002).

Auch die Zunahme und das Ausmaß des Handels innerhalb bestimmter Wirtschaftszweige (*intra-industry trade*) geben Aufschluss darüber, dass Unternehmen an unterschiedlichen Standorten funktional in grenzüberschreitende Warenketten integriert sind. Wenn Einheiten eines Konzerns in verschiedenen Ländern im großen Stil miteinander handeln, wie dies die Daten zum *intra-firm*-Handel belegen, dann betreffen die Transaktionen in der Regel ähnliche Produkte: In den globalen Netzwerken von Apple, die Standorte u.a. in den USA, Deutschland, Japan und China verknüpfen, werden Festplatten, Touchscreens und Prozessoren gehandelt, die in die iPhones und iPods einfließen, und nicht Autos oder Bananen. Ein wesentliches Merkmal der Globalisierungsprozesse seit den 1980er Jahren ist, dass dieser intraindustrielle Handel markant zugenommen hat. Und: je detaillierter die Sparte definiert wird, desto stärker fällt die Zunahme aus. Auf der dritten Ebene der Produktklassifikation der *Standard International Trade Classification*, die z.B. innerhalb der Autoindustrie Fahrzeuge zum Transport von Personen von solchen zum Transport von Gütern unterscheidet, hat sich der Anteil des intraindustriellen Handels seit den frühen 1960er Jahren mehr als verdoppelt. Auf der fünften Ebene, die die Gütergruppen noch enger umfasst, hat er sich fast vervierfacht. Am stärksten ausgeprägt ist der intraindustrielle Handel heute in den Industrien für Autos und Maschinen (zu der auch die Elektro- und Computerindustrie zählen) sowie für organische Chemikalien. Auf Länderebene kommt dem Handel mit Gütern aus der gleichen Sparte in kleinen Ländern wie der Tschechischen Republik oder Österreich die größte Bedeutung zu, aber auch für große Ökonomien ist der Anteil sehr hoch: Für die USA macht der *intra-industry trade* 69 % des gesamten Handels mit Industriegütern aus (1996–2000), während sein Anteil in Deutschland (72 %), Großbritannien (74 %) oder Frankreich (78 %) noch höher ist (OECD 2002; Brülhart 2009).

Zusammenfassend kann also festgehalten werden, dass die Diskrepanz zwischen dem Wachstum der Exporte und der Produktion sowie die Daten zum firmen- und brancheninternen Handel sehr deutlich auf die zunehmende funktionale Integration von Produktionsstätten in unterschiedlichen Ländern verweisen. Welthandel entspricht heute immer weniger der Vorstellung von Adam Smith oder David Ricardo: Nicht „England" und „Portugal" tauschen Wein und Tuch, sondern das Unternehmen A besitzt oder kontrolliert Firmen in England *und* Portugal, die miteinander Komponenten *eines* Produktes handeln. Das bedeutet, dass das, was auf den ersten Blick aussieht wie inter-nationaler Handel, sich auf den zweiten Blick als Binnenhandel entpuppt – nämlich als Binnenhandel innerhalb der Netzwerke von grenzüberschreitenden agierenden Unternehmen. Solche Firmen werden als transnationale Konzerne bezeichnet. Sie und die Mittel, die sie zur Etablierung globaler Warenketten einsetzen – ausländische Direktinvestitionen – werden im nächsten Abschnitt vorgestellt.

5. Transnationale Konzerne und ausländische Direktinvestitionen

Die UNCTAD, die Konferenz der Vereinten Nationen für Handel und Entwicklung, definiert ein transnationales Unternehmen als *„an enterprise comprising entities in more than one country which operate under a system of decision-making that permits coherent policies and a common strategy. The entities are so linked, by ownership or otherwise, that one or more of them may be able to exercise a significant influence over the others and, in particular, to share knowledge, resources and* *responsibilities with the others"* (UNCTAD 2012a). Ähnlich formulieren Dunning & Lundan (2008: 3): *„A multinational or transnational enterprise is an enterprise that engages in foreign direct investment (FDI) and owns or, in some way, controls value-added activities in more than one country".*

Diese Definitionen verweisen sehr klar auf die oben vorgestellten grenzüberschreitenden Produktionsnetzwerke oder -ketten und sprechen deren *governance* und v.a. Aspekte ungleicher Machtverteilung an. Des Weiteren betonen sie, dass der Zusammenhalt zwischen den einzelnen Unternehmenseinheiten nicht unbedingt über direkte Eigentümerschaft erfolgen muss. Schließlich heben sie hervor, dass transnationale Unternehmen kein eindeutig auszumachendes nationales Zentrum besitzen. Bezüglich des letztgenannten Aspektes werden in der Wirtschaftsgeographie heute Modelle inter-, multi- und transnationaler Unternehmensorganisation unterschieden (Bathelt & Glückler 2003: 275 f). Im Fall einer internationalen Unternehmensorganisation kombiniert eine Firma eine in einem Staat konzentrierte Produktion mit weltweitem Handel, während bei der multinationalen Unternehmensorganisation Produktionsstätten in mehreren Ländern unterhalten werden. Diese können entweder horizontal integriert sein, d.h. sie beliefern im Wesentlichen die jeweiligen lokalen Märkte (wie z.B. die Automobilkonzerne in Lateinamerika in den 1960er und 1970er Jahren), oder aber sie sind vertikal integriert, d.h. bestimmte Produktionsabschnitte werden bestimmten Orten in unterschiedlichen Ländern zugewiesen. Dieses Modell entspricht der von Fröbel et al. (1977) analysierten „Neuen Internationalen Arbeitsteilung", die den Beginn der aktuellen Globalisierungsprozesse markierte. Im Falle einer transnationalen Unternehmensorganisation, die viele Autor_innen heute als die dominierende ansehen, werden nicht nur arbeitsintensive Produktionsabschnitte ausgelagert, es werden auch Koordinationsaufgaben und Wissensproduktion innerhalb des Unternehmensnetzwerks dezentralisiert.

Auch wenn diese *konzeptionelle* Unterscheidung in inter-, multi- und transnationale Konzerne bislang zu wenig empirisch untermauert wurde und folglich die Begriffe häufig beliebig gewählt werden, so besteht über die große ökonomische Bedeutung der global agierenden Konzerne Einigkeit. Seit Jahren nehmen die grenzüberschreitenden Investitionen der transnationalen Konzerne ebenso zu wie die Produktion, Umsätze, Beschäftigung und Vermögenswerte ihrer ausländischen Tochterfirmen (Dunning & Lundan 2008: 19). Im Jahr 2010 erwirtschaften Arbeitskräfte in den Fabriken und Büros transnationaler Konzerne 15,6 Billionen US-$ (UNCTAD 2011) – knapp ein Viertel der *gesamten* weltweiten Produktion und knapp ein Drittel aller privatwirtschaftlichen Wertschöpfung (Abb. 8). 42 % der Produktion der transnationalen Unternehmen – oder 10 % des BSPs der Welt – stammen von den ausländischen Einheiten transnationaler Konzerne, werden also in Unternehmen erzeugt, die außerhalb des Landes des Stammkonzerns liegen, aber von diesem kontrolliert werden. Darüber hinaus sind diese ausländischen Tochtergesellschaften mit Exporten im Wert von mehr als sechs Billionen US-$ für etwa ein Drittel der weltweiten Exporte verantwortlich. Diese Daten stimmen in etwa mit einer etwas älteren Schätzung der UNCTAD (1996) überein, nach der zwei Drittel des Welthandels von transnationalen Konzernen kontrolliert werden – ein Drittel direkt, über den Handel in den firmeninternen Netzwerken, und ein weiteres Drittel indirekt, über den Handel zwischen transnationalen Konzernen. Diese Daten zeigen, dass die breitere geographische Ausdehnung von Produktionsnetzen also keine Dezentralisierung der Weltwirtschaft bedeutet. Auch in geographischer Hinsicht ist wirtschaftliche Macht hochgradig konzentriert: Die Hälfte der Gewinne der 500 größten Konzerne der Welt

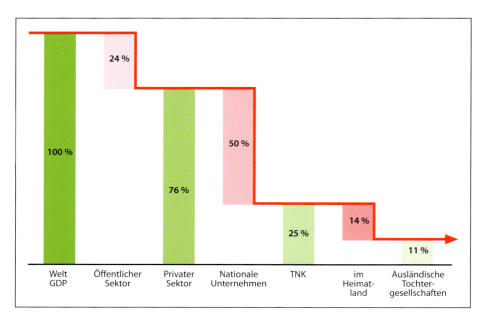

Abb. 8: Wirtschaftsleistung transnationaler Konzerne, Billionen US-$ und Anteil am Welt-BSP (%) (UNCTAD 2011, eigene Übersetzung, Grafik: C. Carstens, Rundungsfehler orig.)

laufen in nur 20 Städten zusammen (Parnreiter 2009).

Aufgebaut werden die globalen Produktions- und Vermarktungsnetzwerke über ausländische Direktinvestitionen (ADI). Als solche werden grenzüberschreitende Investitionen bezeichnet, die, im Unterschied zu Portfolio-Investitionen, die oft auf kurze Zeitspannen und schnelle Gewinne ausgerichtet sind, strategisch und damit längerfristig angelegt sind. Ein ADI tätigendes Unternehmen hat, so die Definition der UNCTAD, an der gegründeten oder (teilweise) erworbenen Tochtergesellschaft ein dauerhaftes Interesse, weshalb auch ein signifikanter Einfluss auf seine Führung ausgeübt wird. Ob ein Unternehmen ADI tätigt, hängt davon ab, ob die folgenden Bedingungen erfüllt sind (Dunning & Lundan 2008):

Ownership advantages: Der Investor hat in einem bestimmten Bereich (z.B. spezifisches Wissen für ein Produktionsverfahren) standortunabhängige Wettbewerbsvorteile. Produktion im Ausland muss also direkt, z.B. über den Aufbau neuer Produktionsstätten (*greenfield investment*), kontrolliert werden.

Internalisation advantages: Ein Unternehmen will seine *ownership advantages* selbst nutzen und nicht verkaufen (z.B. über Lizenzvergabe). Das spezifische Wissen für ein Produktionsverfahren soll also *in-house* bleiben.

Location advantages: Vorteile eines ausländischen Standortes gegenüber dem „heimatlichen", wie beispielsweise spezifische Marktbedingungen (z.B. Zollschutz, bestimmte Inputs wie Rohstoffe), Kostenvorteile (z.B. Arbeitskosten) oder kulturelle und sprachbedingte Vorteile.

In welchem Umfang Konzerne in den letzten vier Jahrzehnten Produktionskapazitäten im Ausland aufgebaut bzw. erworben haben, zeigt die enorme Steigerung der ADI: Zwischen 1970 und 2007 sind die jährlichen ADI-Flüsse um mehr als 22.000 (!) % gestiegen. Zwar sind sie seitdem auf Grund der Weltwirtschaftskrise wieder drastisch gesunken, die Zahlen für 2010 weisen allerdings schon wieder eine leichte Steigerung aus (Abb. 9). Mindestens ebenso aussagekräftig für den Bedeutungsgewinn grenzüberschreitender Investitionen sind die Zahlen zum Anteil der ADI an den Bruttoinvestitionen insgesamt: Er lag 1970 bei 1,5 %, 40 Jahre später aber bei 10 %. Der

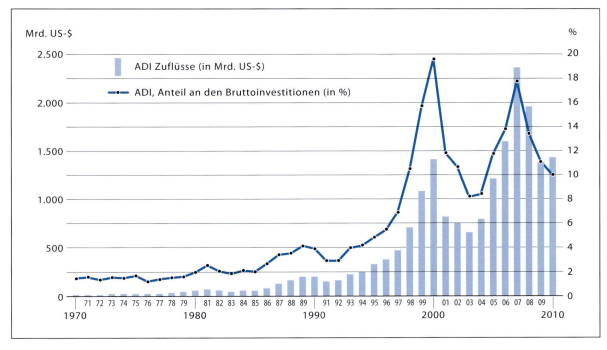

Abb. 9: Ausländische Direktinvestitionen absolut (Mrd. laufende US-$) und Anteil (%) an den Bruttoinvestitionen 1970-2010 (Eigene Berechnung nach World Bank 2012)

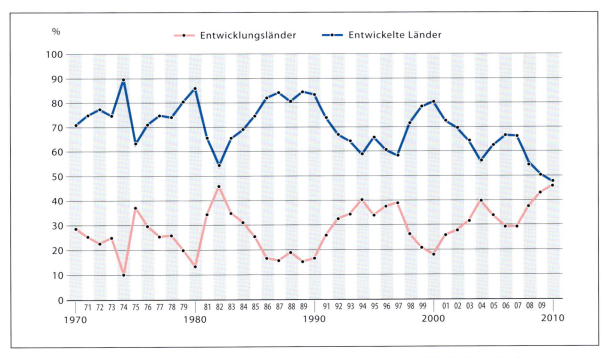

Abb. 10: Anteil von entwickelten und Entwicklungsländern an allen ausländischen Direktinvestitionen 1970-2010 (%) (Eigene Berechnung nach UNCTAD 2012b)

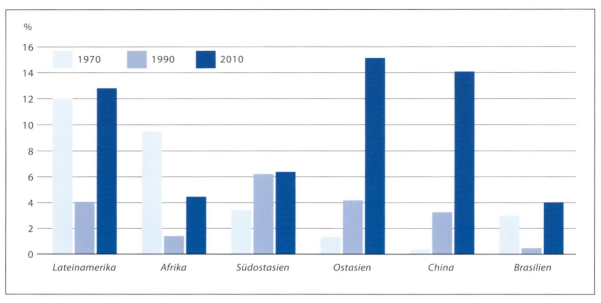

Abb. 11: Anteil ausgewählter Regionen und Länder an allen ausländischen Direktinvestitionensflüssen 1970-2010 (%) (Eigene Berechnung nach UNCTAD 2012b. China inkl. Hongkong)

Spitzenwert war allerdings im Jahr 2000 erreicht worden, als fast ein Fünftel der Bruttoinvestitionen auf ADI entfiel.

Parallel zum Anstieg der ADI hat sich ihre Geographie markant verändert: Wurden in den 1970er Jahren die ADI zum überwiegenden Teil zwischen reichen Ländern getätigt, so ist das Verhältnis zwischen „Erster" und „Dritter" Welt mittlerweile nahezu ausgeglichen (Abb. 10). Während der Anteil Lateinamerikas an den weltweiten ADI-Zuflüssen etwa gleich blieb (allerdings mit starken Schwankungen) und der Afrikas sich halbierte, ziehen die boomenden asiatischen Ökonomien immer mehr ADI an: Südost- und Ostasien kamen 2010 auf fast ein Viertel aller ADI, wobei vor allem China herausragt: Diese Land hält mittlerweile fast 9 % des weltweiten Bestands an ADI (2010) und ist damit nach den USA (18 %) der zweitwichtigste Empfänger – noch vor dem Vereinigten Königreich, Frankreich oder Deutschland. Andere Länder der „Dritten" Welt, die als ADI-Empfänger bedeutsam sind, sind Brasilien, Singapur, die Russische Föderation und Mexiko.

Die Darstellung zu den ADI wirft zwei Fragen auf: Warum haben Unternehmen in den letzten Jahrzehnten so massiv im Ausland investiert, um dort Produktionskapazitäten aufzubauen? Und warum gehen grenzüberschreitende Investitionen zu einem immer größeren Teil in ärmere Länder und v.a. in den asiatischen Raum? Diese Fragen sollen im nächsten Abschnitt diskutiert werden.

Entgrenzte Produktion

6. Der Hintergrund: Fordismus, Krise und ihre Lösungsstrategien

Nach dem Zweiten Weltkrieg wurden, um die Weltwirtschaft wiederherzustellen, im Rahmen des Bretton-Woods-Systems Handelsbarrieren abgebaut, Wechselkurse fixiert und Institutionen zur Regulierung des wieder entstehenden Welthandels geschaffen. So gesehen war die Zeit von 1945 bis 1980 zweifelsohne außenorientiert. Allerdings ist nicht zu übersehen, dass die bestimmenden wirtschaftlichen Dynamiken nach innen gerichtet blieben – in der von den USA bestimmten Nachkriegsordnung sollten die Wiederbelebung des Außenhandels sowie die ihn regulierenden weltweiten Institutionen v.a. die Entwicklung nationaler Binnenmärkte stärken. Es folgten die manchmal als „goldenen Jahrzehnte" des Kapitalismus bezeichneten Jahre des Fordismus. Dieser Typ kapitalistischer Produktion ist nach der Weltwirtschaftskrise der 1920er und 1930er Jahre in den USA entstanden und wurde nach dem Zweiten Weltkrieg auch in Westeuropa durchgesetzt. Der Fordismus beruhte auf der industriellen Massenproduktion von hochwertigen, dauerhaften Konsumgütern auf Basis wissenschaftlicher Betriebsführung (Taylorismus), auf der Durchkapitalisierung der Reproduktionssphäre der Arbeitenden und der damit verbundenen Ausdehnung der inneren Märkte, auf einer Neuregelung des Verhältnisses von Kapital und Arbeit durch sozialpartnerschaftliche Regulierungen und keynesianistische Wohlfahrtspolitik, und schließlich auf der weltweiten, politischen und wirtschaftlichen Führungsrolle der USA und des US-Dollars. Mit einer jährlichen Zunahme von 4,9 % (1950-1973 [Maddison 2001]) wuchs die Weltwirtschaft in diesem Zeitraum schneller als je zuvor oder danach.

Doch bereits in der zweiten Hälfte der 1960er Jahre begann diese Nachkriegsordnung zu bröckeln. Das Wirtschaftswachstum wurde schwächer und instabiler, in den OECD-Staaten stieg die Arbeitslosigkeit drastisch an, der Anteil der Löhne am Volkseinkommen begann zu sinken – alles Anzeichen dafür, dass das in der „fordistischen" Ära so erfolgreich gefundene Gleichgewicht zwischen profitablem Wachstum (für die Kapitaleigner) und steigendem Wohlstand (auch für die Arbeitenden) auf der einen Seite und zwischen den wichtigsten Industriestaaten auf der anderen Seite ins Wanken geriet. In zahlreichen Staaten der weltwirtschaftlichen Zentren gewannen Parteien Wahlen, die eine (mehr oder weniger stark ausgeprägte) neoliberale wirtschaftspolitische Agenda vertraten. In den Peripherien bereiteten die Schuldenkrise, die zuerst in Polen (1981) und Mexiko (1982) ausbrach, und die folgenden Strukturanpassungsprogramme den Jahrzehnten wirtschaftlicher und sozialer Entwicklung während der importsubstituierenden Industrialisierung ein Ende.

Dass die Ära des Fordismus zu Ende ging, hatte mehrere Ursachen. Erstens war die auf Basis tayloristischer Arbeitsorganisation strukturierte Industrie an die Grenzen ihrer Produktivitätsreserven gestoßen. Damit war der Fordismus insgesamt gefährdet, da der wirtschaftliche wie sozialpolitische Erfolg des Nachkriegsmodells auf einer andauernden Steigerung der Produktivität basierte, um wachsende Gewinne und sozialen Frieden (relativ hohe Löhne, Vollbeschäftigung) zu garantieren. Die sich abzeichnende Verwertungskrise des Kapitals wurde zweitens durch das Auftreten neuer, vor allem ost- und südostasiatischer Anbieter industrieller Waren am Weltmarkt verschärft. Allerdings ist der wirtschaftliche Aufstieg des pazifischen Asiens zum Teil bereits Ergebnis der Versuche, die Profitkrise des Fordismus durch Transnationalisierung der Produktion, also durch räumliche Expansion, zu lösen: Seit den späten 1960er Jahren hatten Unternehmen damit begonnen, zunächst arbeitsintensive und dann ganze Produktionsabschnitte in so genannte Niedriglohnländer auszulagern (s.u.). Die dadurch wachsende Zunahme der Konkurrenz auf und um nationale(n) wie internationale(n) Märkte(n) stellt ein wichtiges Element der Eskalierung der Wirtschaftskrise in den USA und in Westeuropa dar, weil sie den Druck auf Profite und in der Folge auf Löhne intensivierte. Drittens – und als Folge davon – wurden Löhne zunehmend nicht mehr in ihrer Bedeutung für die Nachfrage angesehen, sondern immer mehr als Kosten wahrgenommen. Die relativ hohen Löhne, die während des Fordismus erforderlich waren, um Massenkaufkraft zu erzeugen, verstärkten in einer Zeit langsamer wachsender Gewinne den Druck auf die Profitrate weiter. Viertens begann die politische und wirtschaftliche Vormachtstellung der USA zu erodieren, was durch die Niederlage in Vietnam und durch den Wertverfall des Dollars einen nicht nur symbolischen Ausdruck findet.

Unternehmen und schließlich auch Staaten reagierten auf die genannten Krisentendenzen des Fordismus mit einer Reihe von Initiativen, die die Profite wieder herstellen sollten und deren Ergebnisse heute das Bild von Globalisierung prägen. Insbesondere sind dabei zwei Punkte zu nennen: erstens die Suche nach neuen Gewinnmöglichkeiten in der Finanzsphäre, die schließlich zur Finanzialisierung und damit zur gegenwärtigen Krise führen sollte (Parnreiter 2011; vgl. auch die anderen Beiträge in diesem Band). Die zweite Strategie, der Profitkrise Herr zu werden, war eine umfassende soziale und räumliche Reorganisation der Produktion, durch die einerseits Herstellungskosten gesenkt und andererseits neue Märkte erobert werden sollten. Dazu zählen unter anderem die Flexibilisierung der Arbeitsbeziehungen und der vermehrte Gebrauch der Arbeitskraft von Immigrant_innen in den „alten" Industrieländern; Rationalisierungen und Optimierung des Produktionsprozesses durch den Einsatz neuer Technologien sowie das Vorantreiben des Freihandels und der Aufbau transnationaler Produktions-, Beschaffungs- und Vermarktungsstrukturen in Form der oben dargestellten grenzüberschreitenden Warenketten.

Aus dieser Analyse folgen mehrere Erkenntnisse: Erstens ist der oft als Begründung für Lohnreduktionen und Arbeitsmarktreformen beschworene „globale Wettbewerb" zu einem Teil *kein* Wettbewerb zwischen Ländern, sondern einer zwischen den Arbeitskräften an unterschiedlichen Standorten gleicher Konzerne. Oder, wie Harry B. Henshel, verstorbener CEO (*Chief Executive Officer*) und Präsident der Bulova Watch Company es so treffend ausdrückte: *„We are able to beat the foreign competition because we are the foreign competition"* (zit. in Bluestone & Harrison 1982: 114, Hervorh. orig.). Der „globale Wettbewerb" ist also, das zeigt die Geschichte seiner Stimulierung seit den späten 1960ern ganz deutlich, auch eine Waffe, um die Ansprüche der Arbeitenden an den „alten" Standorten der Industrien nach unten zu drücken und um die Gewinne der Unternehmen zu garantieren.

Ein Beispiel: FIAT, das im Jahr 2009 Anteile an Chrysler erworben hat und gegenwärtig Mehrheitseigner ist, lässt sein 500er-Modell nun im Chryslerwerk im mexikanischen Toluca montieren, wo die Industriearbeiterlöhne bei gleicher Produktivität etwa 10 % von denen in den USA ausmachen. Das bringt etwa 1.200 US-$ Ersparnis pro Wagen, weshalb das Wall Street Journal zu dem Schluss kommt: *„Chrysler doesn't believe it could make much profit, if any, if it were to assemble the 500 in a U.S. plant"* (WSJ, 17.08.2009). Und Lindsay Chappell (2012) schreibt im Branchenblatt Automotive News: *„It is hard to attribute the new investment wave to much more than labor rates. The automakers are shy about saying so, but the reality is that in 2012 Mexican wages are still very low"*.

Eine zweite Erkenntnis ist, dass die grenzüberschreitenden, vielfach verästelten Produktions- und Handelsnetze eine nationalstaatliche Zuordnung von Wirtschaftsleistung immer schwieriger machen (vgl. ausführlicher Parnreiter

2011). Wenn transnationale Konzerne mit Hauptsitz in den USA ihr Wachstum mittlerweile primär (in manchen Jahren ausschließlich) über die Aktivitäten ihrer ausländischen Niederlassungen erzielen (Barefoot & Mataloni 2009), dann wirft das die Frage auf, was weltwirtschaftliche Daten, die in der Presse, Schul- und Lehrbüchern oder den Statistiken der Weltbank genannt werden, *dem Wesen nach* eigentlich abbilden: Ist Produktion, die ein US-stämmiger Konzern in China durchführen lässt, und die zum Wachsen des BIPs und der Exporte Chinas ebenso beiträgt wie zum US-Handelsbilanzdefizit, nun „chinesisch" oder „US-amerikanisch"? Wer sind die USA? Wer ist China? Hat der iPod eine Nationalität? Wenn Ja, welche? In Anspielung auf die vielfältige Geographie seiner Produktionsgeschichte schreiben die New York Times: *„An iPod has global value. Ask the (many) countries that make it"* (Varian 2007). Oder, ein anderes Beispiel: Presseberichten zu Folge stammten in den frühen 2000er Jahren 70 % der in den Wal-Mart Geschäften verkauften Waren aus China (Chinadaily, 29.11.2004), was zur Folge hat, dass Wal-Mart einer der wichtigsten Handelspartner „Chinas" ist: Business Week (13.10.2003) schätzt, dass in den frühen 2000er Jahren 10 % aller chinesischen Exporte in die USA an Wal-Mart gingen. Wiederum kann, ungeachtet des Umstandes, dass Produktion für Wal-Mart in China zum chinesischen BIP gezählt wird, nach dem Charakter dieser Produktion gefragt werden: Warum sprechen wir von chinesischer Produktion, wenn diese doch von einem US-Unternehmen, das die Produktionseinrichtungen in China formal besitzen mag oder nicht, gesteuert wird? *„Increasingly, American-made doesn't mean in the U.S.A"* titeln die New York Times (19.04.2004), und treffen damit den Kern des Problems, nämlich Interessens- und auch Identitätsunterschiede zwischen der „Nation" USA und den transnationalen Konzernen, die dort ihren Hauptsitz haben. Die zunehmende Verlagerung von Investitionen der US-Konzerne ins Ausland stellt für die Arbeitenden in den USA sicherlich ebenso ein Problem dar wie für die US-Regierung, weil die ersten Jobs und die zweite Steuereinnahmen verlieren. Aber für die Konzerne selbst? Die rechnen anders, wie die US-Regierung anerkennt: *„For American companies to be competitive on a global basis, they need to be able to have the freedom to establish a beachhead overseas that allows them to expand their sales abroad"* (Grant Aldonas, ehemaliger Staatssekretär im US-Handelsministerium, zit. in New York Times, 19.04.2004). Deshalb kommt, wie aus Abb. 6 ersichtlich, beim *intra-industry trade* innerhalb des US-Außenhandels den Importen auch eine deutlich größere Bedeutung zu als den Exporten.

Das bedeutet auch, dass in wirtschaftspolitischen Auseinandersetzungen, wie sie beispielsweise um Wechselkurse geführt werden, die Interessensfronten nicht eindeutig entlang nationalstaatlicher Grenzen verlaufen. Erscheint nämlich in einer nationalstaatlichen Perspektive klar, dass die (von vielen als Faktum angesehene) Unterbewertung der chinesischen Währung, Renminbi, die chinesische Exportwirtschaft begünstigt und die US-amerikanische und europäische benachteiligt, so stellt sich das Problem aus der Sicht von US-amerikanischen oder europäischen Unternehmen, die in China für den Markt in den USA oder in Europa produzieren, ganz anders dar: Ihre Gewinne, die zum Teil ja auf den niedrigen Löhnen in China beruhen, würden durch eine Aufwertung des Renminbi stückweise „aufgefressen" werden. Ein schwacher Renminbi nützt also nicht nur „China", sondern auch Wal-Mart – während er General Motors vermutlich schadet.

7. Schlussbemerkungen

Was folgt nun aus den hier angestellten Überlegungen für Unterricht und Lehre? Der wichtigste Schluss ist sicherlich, dass wir unsere übliche Herangehensweise an weltwirtschaftliche Fragen und Probleme ändern müssen. Die zunehmende Entgrenzung der Produktion verlangt es, dass auch unser Blick über die nationalstaatlichen Tellerränder hinausgeht und sich mehr auf die „Entgrenzer" richtet, also auf die transnationalen Unternehmen, ihre Praktiken und Organisationsformen. Ein angemessenes Verständnis von Globalisierungsprozessen, ihren Ursachen und Auswirkungen verlangt es, die Fiktion „Volkswirtschaft" zu Gunsten einer Netzwerkperspektive aufzugeben, die sowohl die grenzüberschreitenden Flüsse an Gütern, Wissen, Kapital und Menschen erfasst, als auch die Knoten, an denen diese Flüsse zusammentreffen und von wo aus sie gesteuert werden. Zu betonen, dass die Weltwirtschaft durch grenzüberschreitende Warenketten konstituiert wird und nicht durch nationale „Containerökonomien" bedeutet aber nicht, die Rolle nationalstaatlicher Regierungen in der Organisation und Aufrechterhaltung dieser Warenketten zu leugnen. Ganz im Gegenteil: Was die Krise seit 2008 nicht zuletzt gezeigt hat, ist, dass *„the state still matters – to the entrepreneurs above all"* (Wallerstein 1999: 75).

Literatur

BAREFOOT, K.B. & R. MATALONI Jr. (2009): U.S. multinational companies. Operations in the United States and abroad in 2007, Survey of Current Business, Vol. 89: 63-87 (Bureau of Economic Analysis. U.S. Washington: Department of Commerce)

BATHELT, H. & J. GLÜCKLER (2003): Wirtschaftsgeographie. Ökonomische Beziehungen in räumlicher Perspektive. 2. Aufl., Stuttgart, Ulmer

BLUESTONE, B. & B. HARRISON (1982): The deindustrialization of America. Plant closings, community abandonment, and the dismantling of basic industry, New York, Basic Books

BRÜLHART, M. (2009): An account of global intra-industry trade, 1962-2006, World Economy, Vol. 32: 401-459

CHAPPELL, L. (2012): Mexico's auto boom is about wages, http://www.autonews.com/article/20120201/BLOG06/120209989 [14.06.12]

COE, N.M., DICKEN, P. & M. HESS (2008): Introduction: global production networks – debates and challenges, Journal of Economic Geography, Vol. 8: 267-269

DICKEN, P. (2007): Global shift: mapping the changing contours of the world economy, London, Sage

DUNNING, J.H. & S. LUNDAN (2008): Multinational enterprises and the global economy. 2nd ed., Cheltenham, Edward Elgar

FRÖBEL, F., HEINRICHS, J. & O. KREYE (1977): Die neue internationale Arbeitsteilung. Strukturelle Arbeitslosigkeit in den Industrieländern und die Industrialisierung der Entwicklungsländer, Reinbek bei Hamburg, Rowohlt

Gabler Wirtschaftslexikon (1997), Wiesbaden, Gabler

GEREFFI, G. (1994): The organization of buyer-driven global commodity chains: how U.S. retailers shape overseas production networks, in: Gereffi, G. & M. Korzeniewicz (eds.): Commodity chains and global capitalism, Westport, Praeger: 95-122

GEREFFI, G., KORZENIEWICZ, M. & R.P. KORZENIEWICZ (1994): Introduction: global commodity chains, in: Gereffi, G. & M. Korzeniewicz (eds.): Commodity chains and global capitalism, Westport, Praeger: 1-14

GEREFFI, G., HUMPHREY, J. & T. STURGEON (2005): The governance of global value chains, Review of International Political Economy, Vol. 12: 78-104

HENDERSON, J., DICKEN, P., HESS, M., COE, N. & Y. WAI-CHUNG (2002): Global production networks and the analysis of economic development, Review of International Political Economy, Vol. 9: 436-464

HOPKINS, T.K. & I. WALLERSTEIN (1977): Patterns of development of the modern world system. Research proposal, Review, Vol. 1: 111-145

HOPKINS, T.K. & I. WALLERSTEIN (1986): Commodity chains in the world-economy prior to 1800, Review, Vol. 10: 157-170

IWATANI, K.Y. & C. ROHWEDDER (2010): Apple strives for global markets, Wall Street Journal, 8.6.2010

LESER, H. (Hg.) (2011): Diercke Wörterbuch Geographie: Raum – Wirtschaft und Gesellschaft – Umwelt. 15. Aufl., Braunschweig, Westermann

Lewis & Clark College of Arts & Sciences, Portland, USA (o.J.): RA coffee commodity chain, http://enviro.lclark.edu:8002/rid%3D1HYSR65WG-5B04Y5-2PX/RA%2520coffee%2520commodity%2520chain.cmap%3Frid%3D1HYSR65WG-5B04Y5-2PX%26partName%3Dhtmljpeg [27.02.2012]

LINDEN, G., KRAEMER, K.L. & J. DEDRICK (2009): Who captures value in a global innovation system? The case of Apple's iPod, Communications of the ACM, Vol. 52: 140-144

LO, C.-P. (2011): Global outsourcing or foreign direct investment: why apple chose outsourcing for the iPod, Japan and the World Economy, Vol. 23: 163-169

MADDISON, A. (2001): The world economy: a millennial perspective, Paris, OECD

OECD (2002): Economic outlook, Paris

PARNREITER, C. (2007): Historische Geographien, verräumlichte Geschichte. Mexico City und das mexikanische Städtenetz von der Industrialisierung bis zur Globalisierung, Stuttgart, Steiner

PARNREITER, C. (2009): Megacities in the geography of global economic governance, Die Erde, Vol. 140: 371-390, http://www.die-erde.de/DIE_ERDE_2009-4_ParnreiterS.pdf [14.06.12]

PARNREITER, C. (2011): Akkumulationszyklen und Hegemonie. Eine kritische Auseinandersetzung mit Giovanni Arrighis Thesen zur Neuordnung von Zentrum und Peripherie in der Weltwirtschaft, Zeitschrift für Wirtschaftsgeographie, Vol. 55: 84-102

PLATTNER, M. (2002): Welthandel, in: Brunotte, E., Gebhardt, H., Meurer, M., Meusburger, P. & J. Nipper (Hg.): Lexikon der Geographie. Bd. 4, Heidelberg, Spektrum: 19-20

RASSWEILER, A. (2009): iPhone 3G S Carries $178.96 BOM and Manufacturing Cost, iSuppli Teardown Reveals, http://www.isuppli.com/Teardowns/News/Pages/iPhone-3G-S-Carries-178-96-BOM-and-Manufacturing-Cost-iSuppli-Teardown-Reveals.aspx [09.07.2012]

Spiegel Online (2011): Deutsche Handelsbilanz, http://www.spiegel.de/wirtschaft/soziales/weltrangliste-deutschland-rutscht-beim-export-auf-platz-drei-a-757669.html [14.06.12]

TAYLOR, P.J. (1996): Embedded statism and the social sciences: opening up to new spaces, Environment and Planning A, Vol. 28: 1917-1928

TAYLOR, P.J. (2003): Generating data for research on cities in globalization, in: Borsdorf, A. & C. Parnreiter (eds.): International research on metropolises. Milestones and frontiers, Wien, Österreichische Akademie der Wissenschaften (ISR-Foschungsberichte 29): 29-41

UNCTAD (1996): World investment report. Investment, trade and international policy arrangements, Genf, UNCTAD

UNCTAD (2011): World investment report 2011, http://www.imf.org/external/pubs/ft/bop/2011/11-22.pdf [14.06.2012]

UNCTAD (2012a): Transnational corporations statistics, http://unctad.org/en/Pages/DIAE/Transnational-Corporations-Statistics.aspx [14.06.2012]

UNCTAD (2012b): UNCTADSTAT, http://unctadstat.unctad.org/ReportFolders/reportFolders.aspx [14.06.2012]

US Census Bureau (2011): Imports and exports by related parties, http://www.census.gov/foreign-trade/Press-Release/related_party/index.html [14.06.2012]

VARIAN, H.R. (2007): An iPod has global value. Ask the (many) countries that make it, New York Times, 28.06.2007, http://www.nytimes.com/2007/06/28/business/worldbusiness/28scene.html

WALLERSTEIN, I. (1984): Der historische Kapitalismus, Berlin, Argument

WALLERSTEIN, I. (1995): Die Sozialwissenschaft „kaputtdenken". Die Grenzen der Paradigmen des 19. Jahrhunderts, Weinheim, Beltz-Athenäum

WALLERSTEIN, I. (1999): The end of the world as we know It. Social science for the twenty-first century, Minneapolis, University of Minnesota Press

World Bank (2012): WDI, http://databank.worldbank.org/data/home.aspx [14.06.2012]

Publikationen zu Commodity Chains

- http://www.ids.ac.uk/globalvaluechains/publications/ (Institute of Development Studies Sussex)
- http://www.globalvaluechains.org (The Global Value Chains Initiative)
- http://www.ilo.org/public/english/bureau/inst/ (International Labour Organisation)
- http://fds.duke.edu/db/aas/Sociology/faculty/ggere (Gary Gereffi)
- http://www.cepal.org/publicaciones/ (CEPAL)

Christof Parnreiter
Universität Hamburg
Institut für Geographie
Bundesstraße 55, 20146 Hamburg
parnreiter@geowiss.uni-hamburg.de
http://www.uni-hamburg.de/geographie/professoren/parnreiter

Geographie der Finanz- und Wirtschaftskrise

Jürgen Oßenbrügge

erschienen in: Oßenbrügge, J. (Hg.): Geographie der Weltwirtschaft. Hamburg 2012
(Hamburger Symposium Geographie, Band 4): 35-56

1. Einleitung

Obwohl es derzeit nicht an Analysen und Interpretationen über den gegenwärtigen Zustand der Weltwirtschaft und besonders die Situation im europäischen Wirtschaftsraum mangelt, kann die bereits unübersichtliche Literaturlage nicht darüber hinwegtäuschen, dass eindeutige, gesicherte und belastbare Untersuchungen über Ursachen, Verlaufsform und Konsequenzen der Finanz- und Wirtschaftskrise die Ausnahme darstellen. Nach den ersten Anzeichen der Krise, die sich auf dem US-Hypothekenmarkt 2006 und 2007 gezeigt haben, und der sehr turbulent verlaufenden Phase nach dem Zusammenbruch der Lehman Investment Bank 2008 ist derzeit die Debatte über die Zukunft des Euroraumes dominant. Gleichzeitig bestehen aber auch gewichtige Subthemen, die sowohl finanzwirtschaftliche Probleme betreffen, wie die Belastbarkeit der Banken, die staatliche Verschuldung oder die zunehmende Polarisierung des Kapitalbesitzes, als auch realwirtschaftliche Fragen aufwerfen, wie die unterschiedliche industrielle Wettbewerbsfähigkeit innerhalb des OECD-Raumes und Europas. Zudem mischen sich die Erschütterungen der Jahre 2007 und 2008 mit „normalen" Unwägbarkeiten der ökonomischen Entwicklung und dem häufig konfliktbeladenen Zusammenspiel von Wirtschaft, Politik und Gesellschaft. Mit der Globalisierung der Wirtschaft haben sich viele Koordinaten verschoben und frühere Ordnungsschemata, wie die klar definierten nationalen Wirtschafts- und Währungsräume mit ihrer vermeintlich leichteren Überschaubarkeit, lösen sich in Netzwerkkonfigurationen auf. Heute werden entfernt auftretende Belastungen und Zusammenbrüche schnell global verteilt und es treten schwer kalkulierbare Wechselwirkungen, Rückkopplungen und „Kipppunkte" auf.

Finanzkrisen erscheinen sehr überraschend, sozusagen „über Nacht", ohne in ihrem Vorspiel von der Mehrzahl der beteiligten Akteure erkannt zu werden. Dennoch haben sie immer auch eine besondere Geschichte. Daher sollten wir auf die gerade ablaufende Krise zunächst in einer historischen Perspektive schauen, wenn die Gegenwart unübersichtliche Erscheinungen aufweist und sich die Zukunft ungewiss darstellt. Dabei wird häufig die Frage gestellt, ob es sich bei der Krise um die Aneinanderreihung unglücklich verlaufener Vorfälle handelt, gewissermaßen um einen Betriebsunfall der Finanzwirtschaft, der sich in dieser Form und in diesem Ausmaß kaum wiederholen wird, oder ob es sich um eine systemische Krise handelt, die sich aus der Logik der jüngeren kapitalistischen Entwicklung herleitet. Hier wird die zuletzt genannte Auffassung verfolgt.

Darauf aufbauend und in Weiterführung der einleitenden Bemerkungen zum vorliegenden Sammelband über die Erscheinungsformen der Globalisierung und den Hinweisen auf aktuelle wirtschaftsgeographische Untersuchungsansätze intendiert der vorliegende Beitrag zweierlei: Erstens soll eine Auseinandersetzung mit der Wirtschafts- und Finanzkrise diejenigen Ursachen benennen, die aus Sicht unseres Faches bedeutungsvoll sind. Von daher versteht sich dieser Beitrag als Krisenursachenforschung aus geographischer Sicht, der zugleich die erzielten Ergebnisse im Kontext der „Internationalen Politischen Ökonomie" einordnet (Bieling 2009). Dazu wird auf das Konzept der „Finanzialisierung" zurückgegriffen, mit dessen Hilfe die jüngeren Transformationsprozesse von Wirtschaft und Gesellschaft erklärt werden können und mit dem der systemische Charakter der Krise in den Vordergrund gerückt wird. Zweitens wird sich dieser Beitrag mit den Krisenfolgen befassen und der Fragestellung nachgehen, welche der eingetretenen Veränderungen mit unseren Werkzeugen gut erkannt und erklärt werden können.

Dieses Vorgehen ermöglicht neben einer fachnahen Krisenerklärung auch eine Einschätzung derjenigen Konzepte der Wirtschafts- und Sozialgeographie, die die Krisen explorativ, analytisch differenziert und theoretisch weiterführend untersuchen können. Dazu wird folgender Aufbau gewählt: Zuerst wird ein allgemeiner sozialwissenschaftlicher Referenzrahmen aufgespannt, der wichtige Verschiebungen der Weltwirtschaft hervorhebt und das Konzept der Finanzialisierung erläutert. Anschließend werden Krisenursachen diskutiert, die mit Formen der Stadtentwicklung und großstädtischen Ökonomien zusammenhängen, um damit einen fachspezifischen Blick auf die Jahre vor 2008/09 und ihre Folgen zu werfen. Drittens werden solche Krisenfolgen zusammengestellt, die als Anregung dienen, aktuelle und zukünftige Forschungsarbeiten zu benennen. Schließlich wird über die Geographie als Krisenwissenschaft nachgedacht, um auf diese Weise die einleitend notierte Funktion der Geographie als Globalisierungsforschung um diesen Aspekt zu erweitern.

2. Konzeptionelle Überlegungen: Vom produktiven zum spekulativen Kapitalismus

2.1 Finanzialisierung: Begriff und Konzept

In der sozialwissenschaftlichen und geographischen Fachliteratur wird der Begriff Finanzialisierung in Bezug und in Abgrenzung zu anderen sozialwissenschaftlichen Konzepten gebracht (u.a. Internationale Politische Ökonomie, *Varieties of Capitalism*, Regulationstheorie, Gouvernmentalitätsstudien), um auf diese Weise eine höhere theoretische Reichweite zu erzielen.[1] Wir lassen diese abstrakten Einordnungsversuche und theoretischen Debatten hier weitgehend aus, da es sich um erste Versuche handelt, deren Belastbarkeit sich noch erweisen muss. Allerdings baut die nachfolgende Analyse der geographischen Ursachen der gegenwärtigen Wirtschafts- und Finanzkrise auf die breite Durchdringung finanzwirtschaftlicher Logiken in wirtschaftliche und soziale Abläufe auf. Die Ausgangsthese lautet, dass Faktoren, die hier im Begriff Finanzialisierung zusammengefasst werden, in den Jahren bis 2008 das Denken und Handeln ganz unterschiedlicher unternehmerischer, politischer und privater Akteure dominiert haben. Dadurch sind immanente Risiken und Gefahren häufig übersehen oder als bedeutungsarm wahrgenommen worden. Erst der Ausbruch und Verlauf der Krise haben zur Revision dieser Vordergründigkeit beigetragen und eine umfassende Diskussion über den finanzdominierten Kapitalismus erzeugt (Dörre et al. 2009).

Krisensituationen bieten eine gute Gelegenheit zum Rückblick und zur Reflexion über mögliche Ursachen der turbulenten Zustände, obgleich sie von der Aktualität der Information

---

[1] Vgl. dazu einführend aus deutschsprachiger Sicht vor allem Windolf (2005) und Kessler (2011), aus französischer Sicht Chesnais (2004), aus angelsächsischer Sicht French et al. (2011) und Tabb (2010).

Geographie der Finanz- und Wirtschaftskrise

und den damit häufig verbundenen unerwarteten Herausforderungen geprägt sind. Deshalb soll die Ausgangsthese über die Hegemonie der Finanzialisierung über zwei weitere Annahmen differenziert werden: Zunächst wird ein bereits länger wirkender Wandel in den Blick genommen und argumentiert, dass der umfassende gesellschaftliche Kompromiss der deutschen Nachkriegszeit, der in den Bezeichnungen „soziale Marktwirtschaft" und „Aufstiegsgesellschaft" zusammengefasst werden kann, bereits seit einigen Jahrzehnten zugunsten einer auf finanzwirtschaftlichen Prinzipien aufbauenden und spekulativ orientierten Wirtschaftsform sukzessive aufgebrochen worden ist (z.B. Roth 2009; Streeck & Mertens 2010). Weiterhin interpretieren wir die gegenwärtige Krise als Konsequenz des Bedeutungsgewinns dieser finanzdominierten Wirtschaft, die derzeit einen ergebnisoffenen End- oder Wendepunkt erfährt. Der hier vorgeschlagene Begriff Finanzialisierung beschreibt die wirtschaftliche und die damit verbundene politische und soziale Transformation der letzten drei Jahrzehnte. Er zielt darauf ab, dass es in den letzten Jahrzehnten nicht nur eine Bedeutungsverschiebung zugunsten des Finanzsektors gegeben hat, sondern auch sehr unterschiedliche Wirtschaft- und Lebensbereiche durch finanzwirtschaftliche Logiken neu bestimmt worden sind.

Bevor wir daher auf Krisenfolgen und neue „Entwicklungsmodelle" der kapitalistischen Marktwirtschaft zu sprechen kommen, sollen im folgenden Abschnitt solche Argumente zusammengetragen werden, die den Übergang von der „sozialen Marktwirtschaft" der Nachkriegszeit oder allgemeiner vom „Fordismus" zur finanzdominierten Wirtschaft zu erklären versuchen. Weiterhin werden diejenigen Aspekte betont, die als charakteristische Merkmale der Finanzialisierung angesehen werden können.

Konzeptionell kann sich dieses Vorgehen auf Arbeiten berufen, die den zyklischen Charakter der Weltwirtschaft betonen. Wirtschaftsgeschichtlich lässt sich die Entfaltung der kapitalistischen Ökonomie als Abfolge von etwa 50jährigen Ab- und Aufschwungsphasen ansehen. Diese sogenannten „langen Wellen" bilden für viele wissenschaftliche Fachrichtungen einen heuristischen Rahmen, um komplexe Vorgänge der Wirtschaft einzufangen. Ausgehend von Arbeiten des Wirtschaftsmathematikers Kondratieff gehören dazu die Überlegungen zur langfristigen Entwicklung des Kapitalismus von Braudel und Wallerstein, marxistische Konzepte z.B. von Mandel und Kleinknecht, die Arbeiten der Regulationstheorie (Aglietta, Boyer, Lipietz) und Adaptionen derartiger Überlegungen in der Ökonomischen und Politischen Geographie (Taylor, Agnew und Kox) (vgl. dazu Oßenbrügge 2008).

2.2 Sieben Transformationselemente der finanzdominierten Wirtschaft

Als historischen Ausgangspunkt für die Erklärung der heutigen Situation sind Trendumbrüche der wichtigen Volkswirtschaften der Welt in den 1970er Jahre herauszustellen. Sie markieren den Ausbruch der „Fordismuskrise" und beendeten die wirtschaftlich sehr erfolgreichen Jahre und Jahrzehnte nach dem Ende des Zweiten Weltkriegs. Das „goldene Zeitalter" (Lutz 1984) war durch hohe Wachstumsraten und Produktivitätsfortschritte geprägt, die mit bemerkenswerten Lohnsteigerungen, massiven staatlichen Nachfrageprogrammen zum Ausbau der Infrastruktur bei relativer Geldwertstabilität einhergingen. Allerdings waren die Wachstumsraten (vgl. Tab. 1) nicht von Dauer und alle wichtigen Volkswirtschaften gerieten in den 1970er Jahren in eine krisenhafte Situation, die mit Rückgängen der Profitabilität, der Lohnzuwächse und des Angebots an Arbeitsplätzen verbunden waren. Die fordistische Produktionsorganisation und die damit verbundenen Verteilungssysteme gerieten an ihre Grenze und setzten Strategien frei, die darauf ausgelegt waren, auf neuen Wegen dauerhaft Wachstum und Gewinne zu garantieren. Sukzessive entstand ein System, das inzwischen als finanzdominierte Akkumulation bezeichnet wird. Es basiert im Wesentlichen auf sieben wirtschaftlichen und gesellschaftlichen Transformationsfeldern.

Land	1960-73	1973-79	1979-88
USA	2,2	0	0,8
Japan	8,6	3,0	3,2
D – BRD	5,4	3,0	2,6
GB	3,6	1,5	2,4
Frankreich	5,4	3,0	1,6
Italien	6,3	3,0	1,6
OECD (EU)	5,0	2,6	2,1
OECD	4,1	1,4	1,6

Tab. 1: Entwicklung der Arbeitsproduktivität in der OECD (OECD 1992, Arbeitsproduktivität = BIP/Erwerbstätige)

(1) **Transformation der Staatlichkeit:** Im Fordismus war der Staat der zentrale wirtschaftliche Akteur. Er verfügte über zahlreiche und große Unternehmen und praktizierte eine keynesianische Nachfragepolitik (staatliche Ausgaben und Investitionen, um wirtschaftliche Aktivitäten zu stimulieren). Der postfordistische Übergang, der in den 1970er Jahren einsetzte, beinhaltete a) die Privatisierung der staatlichen und kommunalen Unternehmen, b) den Um- und Rückbau staatlicher Sozialleistungen, c) das Setzen auf den Markt als effizientes Medium zur Allokation knapper Güter („efficient market" Hypothese) und damit die Reduzierung der Wirtschaftspolitik auf ordnungspolitische Momente sowie d) die Einführung unternehmerischer Logiken in den verbleibenden staatlichen Aktivitäten besonders im Hinblick auf die Übernahme des Wettbewerbsgedankens zwischen Staaten bzw. substaatlichen Einheiten wie Bundesländer und Städte.

(2) **Individualisierung der Gesellschaft:** Während zu Zeiten der sozialen Marktwirtschaft der Begriff „Wohlfahrtsstaat" Karriere machte, der mit einer umfassenden Verantwortung und Garantie für die Staatsbürger einherging, sie damit als Kollektiv begriff, erfolgte im postfordistischen Übergang eine Transformation, die von Vertretern der politischen Klasse zumeist als Zunahme der „Eigenverantwortung" angesprochen worden ist. Damit verbunden war eine systematische Veränderung kollektiver Vertrags- und Sicherungssysteme (von der abnehmenden Bedeutung der Tarifverträge bis hin zur Altersvorsorge) hin zu individuellen Aushandlungen und Regelungen. Diese Transformation ist sehr ambivalent in ihren Erscheinungsformen, denn zum einen hat sie durchaus den Wünschen und Präferenzen der Gesellschaftsmitglieder nach Selbstbestimmung entsprochen, zum anderen hat sie besonders in solchen gesellschaftlichen Klassen zusätzliche Probleme erzeugt, die bezüglich Arbeitsmarktgängigkeit und politischer Artikulation benachteiligt sind. Das frühere Versprechen einer Aufstiegsgesellschaft für alle erfüllt sich inzwischen nicht mehr. Eine besondere Verstärkung tritt durch kombinatorische Effekte auf, die mit der Auflösung traditioneller Unterstützungssysteme wie Familie zusammenhängen und durch soziale Isolation entstehen.

(3) **Transformation der fordistischen Produktionsorganisation:** Der Profitengpass der 1970er Jahre markiert u.a. auch die Erschöpfung einer wirtschaftlichen Organisationsform, die primär auf Massenproduktion gesetzt und die Produktivitätsfortschritte via Lohnerhöhung zu Nachfragestärkung umsetzt hat. Postfordistische Übergänge sind durch verschiedene Prozesse gekennzeichnet, wie die Neubewertung handwerklicher und kleinindustrieller Verbundproduktion[2]

---

[2] Bekannte Bezeichnungen sind industrielle Distrikte, später Cluster.

oder das *„outsourcing"* verbunden mit dem *„lean production"* als Konzentration auf Kernkompetenzen und der Auslagerung von Produktionsschritten und unternehmensbezogener Dienstleistungen. Die Auslagerung früher innerbetrieblich organisierter Produktionsschritte führte zur „neuen internationalen Arbeitsteilung" als globale Ausdehnung von Produktionssystemen, die mit enormen Ausweitungen der Handelsvolumina, aber auch der ausländischen Direktinvestitionen einhergegangen ist. Schließlich und für unser Thema besonders bedeutsam ist die in der Bezeichnung *„shareholder value"* angesprochene Zunahme kurzfristiger Renditeorientierung börsennotierter Unternehmen. Bereits Anfang der 1990er Jahre zeigt die Bezeichnung für Siemens als „Bankhaus mit angeschlossener Elektroabteilung" (Creutz 1994), dass der Umgang mit Finanzmitteln für produzierende Unternehmen immer wichtiger geworden war. Der schnelle und möglichst hohe Rückfluss des eingesetzten Kapitals hat zunehmend die Produktion und die Entscheidung über betriebliche Investitionen bestimmt, während die Interessen anderer *„Stakeholder"* zurückgestellt worden sind. Sichtbare Auswirkungen sind die primäre Ausrichtung der Industrievorstände an der kurzfristigen Entwicklung der Aktienkurse oder das wiederkehrende Phänomen der steigenden Aktienkurse, wenn Massenentlassungen angekündigt werden, sowie die Übernahme von Produktionsunternehmen durch Finanzinvestoren.

(4) **Bedeutungsgewinn des Banken- und Finanzsystems:** Im Fordismus galt das Finanzsystem als ein zwar wichtiges, aber nachgeordnetes Element der Produktion. Hausbanken vergaben Kredite zum Ausbau und zur innovativen Weiterentwicklung industrieller Produkte und waren damit immer am Erfolg oder an den Problemen der von ihnen mit Finanzmitteln versorgten Betriebe beteiligt. In den 1970er Jahren verschob sich jedoch die alte Prioritätensetzung, in dem sich das Selbstverständnis der Banken auf die Unterstützungsfunktion der Produktion bezog. Austauschprozessen innerhalb der Finanzorganisationen selbst mit Krediten, Devisen und neuen, bisher unbekannten Finanzprodukten wurden immer wichtiger. Ausschlaggebend war dafür eine erste finanzwirtschaftliche Globalisierungswelle: Ausgehend von der Auflösung fester Wechselkurse auf Goldstandards 1973, die zu freien Wechselkursen führten, deren Wert sich im internationalen Devisenhandel bildete, kam es in der postfordistischen Übergangszeit zu einem umfassenden Abbau nationaler Kapitalverkehrsbarrieren. Die neuen globalen Verflechtungen der Finanzwirtschaft nahmen verschiedene Formen an. Hervorzuheben ist das internationale Kreditgeschäft mit der Verschuldungskrise der Länder der 3. Welt in den 1980er Jahren, die anschließend zu den Strukturanpassungsprogrammen geführt haben. Weiterhin ist auf die mit dem Devisenhandel verbundene Währungsspekulation und die Transnationalisierung des Unternehmensbesitzes hinzuweisen, die die *„shareholder value"* Orientierung weiter antrieb.

(5) **Finanzwirtschaftlicher Umgang mit Risiken:** Für die Erklärung der Finanzkrise des Jahres 2008 und danach ist ein weiteres Merkmal des Finanzsystems außerordentlich wichtig, das sich auf den Umgang mit Risiken bezieht oder, von der anderen Seite betrachtet, das Bemühen um Versicherheitlichung *(securitization)* beschreibt. Gemeint sind Finanzinstrumente, die Forderungen aus Kredit- und Devisengeschäften in einzelne Bestandteile zerlegen und wieder neu zusammenfassen, um sie auf Märkten handeln zu können (vgl. den Beitrag von Thomi in diesem Band). Zu diesen Derivaten treten

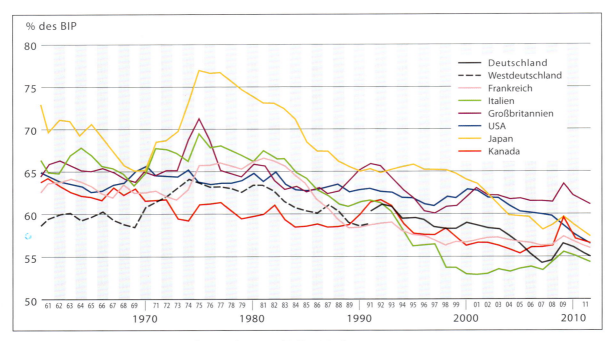

Abb. 1: Lohnquote 1961-2011 in den G7 Staaten (Zeller 2011)

Papiere, die Erwartungen auf zukünftige Marktentwicklungen bewerten und spekulativ absichern. Mit derartigen Produkten ist ein mit der Realwirtschaft relativ unverbundenes Marktsegment der Finanzwirtschaft entstanden, in dem die zunehmende Komplexität der globalen Wirtschaft durch eine unübersichtliche Vielzahl von Finanzinstrumenten marktkonform kalkulierbar gemacht werden sollte. Verstärkt durch neue Technologien, die einen raschen Austausch der Information ermöglichen, neuen Handelsplätzen (z.B. außerhalb der Börsen), neuen Akteuren (z.B. Hedge-Fonds), neuen computergestützten Transaktionsformen und zunehmenden „finanziellen Abhängigkeiten zwischen den Ländern durch die Arbitrage der Zinssätze, die Devisenspekulationen sowie die internationalen Schulden- und Gläubigerstellungen" (Aglietta 2000) bildete sich eine „Eigenlogik" der Finanzmärkte heraus. Ihre Intransparenz ist ein wesentlicher Faktor für den Ausbruch der Finanzkrise 2008 (s.u.).

(6) Neue soziale Disparitäten: Verbunden mit der Finanzialisierung der Wirtschaft sind neue Unterschiede und Ungleichheiten. Ein wichtiger Aspekt ist die zunehmende Einkommensungleichheit. Sie ist auf Vorteile der Vermögensbesitzer zurückzuführen, die in der finanzdominierten Wirtschaft mit ihren Kapitalanlagen überdimensional profitieren. Dieses geht zu Lasten der Lohnempfänger, denn die Lohnquote ist in mittel- und langfristiger Perspektive rückläufig (vgl. Abb. 1). Zum anderen besteht aber auch eine ausgeprägte Spreizung der Löhne und Gehälter, d.h. die extremen Gehaltsgruppen nehmen

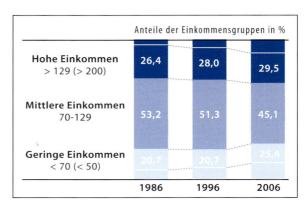

Abb. 2: Von der Zwiebel zur Sanduhr? Verteilung der Jahreseinkommen in Deutschland im Vergleich zum mittleren Einkommen (= 100) (DIW 2008)

im Vergleich zu den mittleren Einkommen stärker zu (vgl. Abb. 2). Die darin enthaltene Tendenz einer absinkenden Massennachfrage ist in einigen Ländern, u.a. in den USA, durch Stimulierung des kreditfinanzierten Konsums ausgeglichen worden, wodurch sich jedoch private Haushalte weiter verschuldet haben (privatisierter Keynesianismus).

(7) **Ungleichheiten aus unterschiedlichen nationalen wirtschaftlichen Entwicklungspfaden:** Während einige hochindustrialisierte Länder der Güterproduktion für den Weltmarkt nach wie vor hohe Bedeutung beimessen (z.B. Deutschland, Japan) und damit in zunehmende Konkurrenz mit bereits erfolgreichen oder aufstrebenden Industrieländern geraten (z.B. Südkorea und China), sind andere stärker auf Dienstleistungen ausgerichtet (z.B. USA, Vereinigtes Königreich). Sie erzeugen auch unterschiedliche Handels- und Leistungsbilanzen und haben einige Staaten wie Deutschland und China zu Kapitalexporteuren gemacht, andere Staaten zu Kapitalimporteuren (USA). Hinzu treten unterschiedliche Niveaus der Staatsverschuldung, die wiederum Rückwirkung auf die Kosten der Neuverschuldung haben. Diese Vielzahl unterschiedlicher geoökonomischer Muster und Tendenzen, die in ihren jeweiligen Kombinationen jeweils spezifische wirtschaftspolitische Herausforderungen erzeugen, erschweren auch koordinierte, in die gleiche Richtung weisende internationale Regularien für globale Verflechtungen, da dafür nationale Interessen zurückstehen müssten. Die gegenwärtige Weltwirtschaftspolitik ist daher nur vordergründig einheitlich ausgerichtet, z.B. durch die zunehmende Liberalisierung des Welthandels oder durch das globale Auftreten von Organisationen, die wirtschaftlich relevante Standards setzen, wie die Weltbank, der Internationale Währungsfond oder die Welthandelsorganisation als quasistaatliche Akteure einerseits oder Ratingagenturen als privatwirtschaftliche Akteure andererseits. Gleichzeitig wird die Weltwirtschaftspolitik auch durch die jeweiligen Regierungen und die Verfolgung ihrer jeweiligen „vitalen" Interessen geprägt, die sehr gegensätzlich ausgeprägt sein können.

Die verschiedenen Transformationsfelder haben sich zu einem neuen Grundmuster der Wirtschaft und davon abhängig auch der Gesellschaft zusammengefügt. Hier wird der Begriff Finanzialisierung als Umschreibung benutzt, die das wesentliche neue Moment, das sich integral in alle Transformationselemente einfügt, ausdrücken soll. Finanzialisierung beschreibt daher nicht nur die stark angewachsene Bedeutung des Finanzsektors (4+5), sondern geht einher mit anderen Elementen. Es durchdringt mit der *„shareholder value"* Orientierung die Unternehmen (3) und führt zur Unterordnung langfristiger Produktionsziele unter das Primat kurzfristiger Renditerealisierungen. Zudem lässt sich die These aufstellen, dass Prozesse der Finanzialisierung die Wirtschaft in einem bestimmten Sinn „demokratisieren" würde. So beteiligen sich immer mehr und besonders die vermögenden Haushalte durch Aktienbesitz oder andere handelbare Finanzprodukte an den Finanzmärkten (2). Weniger Vermögenden gehen zunehmend den Weg der individuellen Verschuldung, um abnehmende Systemleistungen zu kompensieren (6). Ein Übriges leistet die finanzwirtschaftliche Umsetzung individueller Absicherung von Lebensrisiken im Kontext der Gesundheits- und Altersvorsorge. Schließlich transformieren sich die Staaten und setzen neue Prioritäten wie die Schuldenbremse und andere Formen der Austeritätspolitik sowie massive Intervention in die Währungsmärkte (1+7).

Auch wenn die Prozesse der Finanzialisierung der Wirtschaft nicht den realwirtschaftlichen Kreislauf der Produktions- und Konsumbeziehungen ersetzen und die viel diskutierte Abkoppelung nur in einigen Bereichen zu beobachten ist, üben sie eine Art Hegemonie über Situationseinschätzungen und Handlungsstrategien aus. Gegenwärtige und zukünftig zu erwartende Zins- und Renditekalkulationen werden für ganz unterschiedliche Akteure, die vom einfachen Sparer und Anleger bis hin zum Vorstand großer Unternehmen reichen, entscheidungswirksam, für Finanzmarktakteure sowieso. Der große Erfolg der Finanzialisierungsstrategien ist auf diese umfassende Transformation von Mikro- und Makrostrukturen sowie den Handlungsmustern „kleiner" und „großer" Akteure zurückzuführen. Dadurch hat sich ein Umfeld gebildet, das zu neuen Angeboten, Produkten und Versprechungen der Finanzmärkte beiträgt, denn die individuelle Aufmerksamkeit und Nachfrage ist groß, gleichzeitig sind die Gewinne, die in konventionellen Finanzgeschäften getätigt werden, klein. In diesem Sinne laden Prozesse der Finanzialisierung zum spekulativem Denken und Handeln ein, die sich auf verschiedenen Teilmärkten betätigen können. Der Wohnungsmarkt ist ein besonders interessantes Beispiel, weil sich hier die erwähnten, in ihrer Finanzkraft sehr unterschiedlich ausgestatteten Akteure treffen. Damit sind wir bei einem entscheidenden Auslöser der Krise angekommen.

3. „Geographische Ursachen" der Finanzkrise

Wenn im folgenden Abschnitt von den „geographischen Ursachen" der Finanz- und Wirtschaftskrise gesprochen werden soll, dann bedarf dieses einer vorausgehenden Erläuterung. Der Hinweis soll eine selektive Perspektive auf Prozesse der Finanzialisierung und auf die Krise andeuten, aus der besonders zwei Aspekte in den Fokus der Argumentation geraten. Zum einen soll gezeigt werden, wie die kapitalistische Produktion von Raum, d.h. der Bau und die Transformation städtischer Siedlungsgebiete unter den Bedingungen einer privatwirtschaftlich organisierten und gewinnmaximierend ausgerichteten Ökonomie, zu gesamtwirtschaftlichen und gesellschaftlichen Krisen beiträgt. Ein Vorgehen, dass die Art und Weise zeigt, wie Raum produziert oder „Geographie gemacht" (im Sinne bebauter Umwelt) wird, soll einen Erklärungsbeitrag zum gegenwärtig dominanten Wirtschaftssystem leisten. Zum anderen bestehen fachwissenschaftliche Erklärungsansätze der Geographie, mit deren Hilfe Teilaspekte der Krise und ihre Verursacher genauer in den Blick kommen. Allerdings wäre eine angemessene Debatte über Qualität und Reichweite derartiger Ansätze sehr voraussetzungsvoll und geht über diesen Beitrag hinaus.

Jedoch sollen zumindest einige Richtungen angedeutet und illustriert werden, von denen in Zukunft tiefer greifende Analysen krisenhafter Entwicklung erwartet werden können.

3.1 Geographische Erklärungen der Finanzkrise (1) – Produktion von städtischem Raum

3.1.1 Grundformen hypothekenbasierter Stadtentwicklung in den USA

Die Ursprünge der gegenwärtigen globalen und europäischen Turbulenzen sind zunächst in Vorgängen in den USA zu suchen. Bereits in den 1990er Jahren setzte noch unter der Clinton-Administration eine Politik ein, die zu einer massiven Kreditaufnahme privater Haushalte führte und damit die bereits damals hohe Schuldenlast des Staates durch eine private Verschuldung ergänzte (Harvey 2011: 18). Über eine Politik des „billigen Geldes" sollten wirtschaftliche Aktivitäten kreditfinanziert stimuliert werden, um die Schwächephase, die nach dem 9/11-Attentat verstärkt einsetzte, zu überwinden. Dazu wurde der Leitzins in den USA zwischen 2001 und 2003 von 6,5 % auf 1 % abgesenkt (vgl. Abb. 3). Dieses führte zu einem nachfragegetriebenen Wirtschaftswachstum, das zu einem großen Teil

Geographie der Finanz- und Wirtschaftskrise

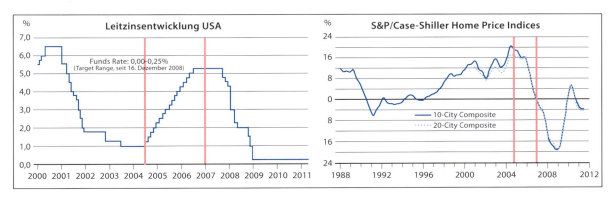

Abb. 3: USA – Entwicklung der Leitzinsen und des Index der Eigenheimpreise (FED, S&P Indices, Fiserv) (Leitzinsen.info; Standardandpoors.com)

durch Hauskäufe privater Haushalte angetrieben worden ist. Aufbauend auf die ideologisch gefärbte Vorstellung, das jeder US-Haushalt Eigentümer der eigenen Wohnung sein sollte, beförderten staatliche Kreditgeberorganisationen wie Fanny Mae und Freddie Mac, aber auch lokale, nationale und internationale Banken den kreditfinanzierten Häuserbau und Häuserkauf.[3] Die dadurch verursachte starke Nachfrage nach Häusern erhöhte den Preis für Wohneigentum kontinuierlich (vgl. Abb. 3), wodurch die Kreditbedienung der Schuldner erleichtert wurde. Selbst spekulativer Hauskauf wurde ein lohnendes Geschäft.

Einige Angaben der Stadt Stockton in Kalifornien illustrieren das Geschehen (Hesse 2008). In der Tab. 2 werden Einwohnerzahlen, Baugenehmigungen für Einfamilienhäuser und ihr Durchschnittspreis wiedergegeben. Besonders die Preisentwicklung der Häuser zwischen 2002 und 2005/06 verdeutlicht die leichte Möglichkeit, eingesetzte Kosten für einen Hausbau schnell auszugleichen und Gewinne zu realisieren. Der Hauspreisindex der USA (vgl. Abb. 3) bestätigt, dass die Angaben für Stockton in den USA allgemein zutreffen. Schätzungen gehen davon aus, dass der US-amerikanische Hypothekenmarkt zur Finanzierung von Eigenheimen von 35 Mrd. US-$ im Jahre 1994 auf 600 Mrd. US-$ im Jahre 2006 angewachsen ist. Hinter diesen Zahlen steht ein Wachstum der Bevölkerungszahl und der Siedlungsfläche besonders der *„sunbelt"* Städte in Florida, Kalifornien, Arizona und Nevada. Der schuldenfinanzierte Hauserwerb hat damit zu einer Verstädterungswelle beigetragen, die in der äußerlichen Form der Suburbanisierung oder dem *„urban sprawl"* in den Jahrzehnten nach dem 2. Weltkrieg nahe kommt. Entsprechend kritisch kommentieren kalifornische Stadtforscher diese Art der Stadtentwicklung:

„Entire metropolitan and suburban areas, especially along the sunbelt, were built as giant Ponzi schemes. These places never offered anything else other than the promise of profit. Profit to the developers and the banks first and foremost, and profit to the contractors, the builders, the loan brokers, lenders, real estate agents and home buyers and sellers. Other than the now busted promise of instant profit these vast spans of new homes sprawling in a boundless territory had no raison d'être. They brought no quality of life to the individuals that dwelled in them, yet downgraded the quality of the existing cities, diluted infrastructural resources and most of all, destroyed the environment."

(Burkhalter & Castells 2009: 22)

Der Eigenheimboom und die damit verbundenen Geschäftsmöglichkeiten mit Hypothe-

---

[3] Der Eigenheimbesitz stieg in den USA von 64 % im Jahre 1980 auf nahezu 70 % in 2005 (Harvey 2011: 3).

Jahr	Einwohner	Baugenehmigungen (1 Familienhaus)	Durchschnittspreis (in US-$)
2002	250.000	1534	158.000
2005/06	290.000	2571	390.000
2009	290.000	196	113.500
Zwangsversteigerungen			
2009	8.500 WE (8,8 % des Bestands)		

Tab. 2: Stockton / USA – Einwohnerentwicklung und Immobilienpreise vor und während der subprime Krise (Hesse 2008)

kenkrediten haben auch dazu geführt, dass eine Vielzahl von Banken und anderen Finanzinstituten in den Wohnungsmarkt eingestiegen sind. Die hohe Verfügbarkeit „billigen Geldes" und das Bestreben der Anbieter, diese Finanzmittel als Eigenheimkredit zu verkaufen, erzeugte darüber hinaus das sogenannte *„subprime lending"*, also die Kreditvergabe an solche Haushalte, deren Bonität schwach ausgeprägt gewesen ist. Häufig bezogen sich diese Kredite nicht nur auf Neubauten, sondern auch auf den Wohnungsbestand, indem Mieter dazu bewegt wurden, ihren Wohnstatus zum Eigentümer umzuwandeln. Das Versprechen der Finanzakteure, Wohnungseigentum sei eine sichere Kapitalanlage mit ständig wachsenden monetären Werten, wodurch die gegebenen Kredite trotz variabler Zinsvereinbarung bezahlbar bleiben werden, hat zu Millionen neuer Eigenheimbesitzer in den USA, aber auch in vielen anderen Ländern (z.B. in Spanien, Irland) geführt. Der Ponzi-Mechanismus, der auch in Form von Kettenbriefen bekannt ist, funktionierte damit nicht nur bei kapitalkräftigen Haushalten in den Sunbelt Städten, sondern auch bei armen Haushalten in den alten Industrieregionen.

Dieser Boom mit dem Aufbau einer spekulativen Blase währte bis zum Jahr 2007, obwohl bereits 2004 die Leitzinsen wieder anzogen und damit die Kredite teurer wurden (vgl. Abb. 3). Der Einbruch der Hauspreise, der sich in Stockton auf einen Rückgang bis auf ca. 30 % des Höchstwertes belief (vgl. Tab. 2), betraf zunächst die Eigentümer, die nun gleiche bzw. steigende Kreditzinsen auf fallende Hauspreise zahlen mussten. Entsprechend schnell wurde zum einen das erworbene Hauseigentum an die Banken zurückgegeben, zum anderen stieg aber die Zahl der Zwangsversteigerungen und transformierten sich „Boomtowns" zu verlassenen Geisterstädten. Die Ponzi-Verstädterung erreichte ihren negativen Höhepunkt, gleichzeitig mussten die ärmsten Haushalte immer größere Anteile ihres Einkommens für ihre Wohnungen aufbringen, was zur Bezeichnung *„predatory lending"* für dieses Segment des Kreditgeschäfts geführt hat.[4]

3.1.2 Finanzprodukte und Akteure im Wohnimmobilienmarkt der USA

Bereits im Jahre 2007 verdichteten sich die Krisenmeldungen und neben amerikanischen Banken gerieten auch europäische Finanzinstitute in Probleme wie die deutsche IKB (Internationale Kreditbank), die Sachsen LB (Sächsische Landesbank), Northern Rock im Vereinigten Königreich oder die USB in der Schweiz. Nach dem Zusammenbruch der Investmentbank Lehman Brothers und Beginn der „heißen Phase" der Finanzkrise waren viele Finanzinstitute sowie Klein- und

---

[4] *„Predatory lending"* hat eine vielschichtige Bedeutung, die aber insgesamt auf asymmetrisch verteilte Kompetenzen der Marktteilnehmer abzielt. In diesem Kontext bedeutet die Bezeichnung, dass Haushalte die Konsequenzen ihrer Kreditabschlüsse nicht überblicken konnten und von den Finanzmaklern nicht genügend aufgeklärt worden sind.

Geographie der Finanz- und Wirtschaftskrise

Großinvestoren mit massiven Verlusten bei den eingesetzten Finanzmitteln betroffen. Diese überraschend große Reichweite der *„subprime crisis"* illustriert eine Kernproblematik der durch Prozesse der Finanzialisierung strukturierten gegenwärtigen Weltwirtschaft. Der krisenverstärkende Wirkungszusammenhang wird in Abb. 4 nachgezeichnet. Startpunkt ist die eben beschriebene Krise des US-Immobilienmarktes für Eigenheime, der einen primär lokalen Kontext abbildet und durch Haushalte als Kreditnachfragern und Finanzinstitute als Kreditgebern gebildet wird. Im normalen Marktgeschehen übernehmen die kreditgebenden Finanzinstitutionen die Eigenheime als Sicherheit. Sie sind dadurch unmittelbar mit einem Kreditausfall verbunden und begrenzen somit die Reichweite der Ausfallrisiken. Derartige Vorkommnisse sind zumindest teilweise abgesichert, besonders wenn von staatlicher Seite die Schaffung von Wohneigentum für private Haushalte gefördert wird.

Im Regime der Finanzialisierung änderten sich diese direkten Interdependenzen zwischen Kreditnehmer und Kreditgeber in Verbindung mit staatlichen Sicherungsinstitutionen (Abb. 4). Da Risiken als Geschäftsfeld durch Banken und risikoaffine Finanzinstitutionen wie Hedge-Fonds entdeckt und mit entsprechenden Finanzprodukten entwickelt worden sind, geriet das Hypothekengeschäft in die „performative Kraft der Banker". Diese bestand in der Entwicklung von Derivaten, die auf Hypotheken für Eigenheime aufbauen. Dazu kauften Finanzinstitute Hypotheken im großen Stil auf, bündelten diese und unterteilten sie in neue, handelbare Finanzprodukte, sogenannte *„collaterized dept / mortgage obligations"* (CDO). Vereinfacht ausgedrückt wurden die Hypotheken in neue Finanzprodukte transformiert und in Anlageklassen „sicher", „mittel" oder „riskant" eingestuft. Wichtige Unternehmen, die eine derartige Verbriefung herbeiführten, waren Goldman Sachs, Mortgage IT (2006 von der Deutschen Bank übernommen) und weitere Zweckgesellschaften als Töchter großer US-amerikanischer Banken. Diese neuen Finanzprodukte wurden von Ratingagenturen wie Standard & Poors, Fitch oder Moody's in ihrer Bonität bestätigt. Damit waren sie sozusagen weltmarktgängig und sie erreichten schnell ein extrem hohes Marktvolumen. Wegen der vergleichsweise niedrigen Leitzinsen amerikanischer und europäischer Zentralbanken und der Erfahrungen der dotcom-Krise 2001 suchten viele Investoren (Fonds, Banken, Privatpersonen, Kommunen) nach renditeträchtigen Papieren. Die hypothekenbasierten CDOs boten eine interessante Anlage je nach Risikoeignung. Sie reichen von vermeintlich unproblematischen Papieren bis hin zu hochriskanten, aber auch dementsprechend hoch verzinsten Hypothekenbündeln. Hinzu trat der Handel mit Papieren, die einen möglichen Kreditausfall absichern sollten (*Credit Default Swaps*, CDS). Während die CDOs sozusagen den Wert der Immobilien spiegeln, sorgt der Handel mit CDS für die Renditeträchtigkeit der CDO. Bei den Finanzakteuren war die Vorstellung immanent, dass durch diese Derivate und ihre globale Streuung eine marktkonforme Risikostreuung vorhanden war (Mügge 2011).

Dieses System der Verbriefung und internationalen Vermarktung der Hypotheken sorgte für einen gewaltigen Kapitalzufluss und eine enorme Nachfrage nach weiteren CDOs. Darin ist ein wesentlicher Antrieb zu sehen, warum sich das *„subprime lending"* derart weit ausbreiten konnte. Solange Investoren die später als „giftig" angesprochenen Derivate als gute Kapitalanlage einschätzten, konnte sich die kreditfinanzierte Urbanisierung ausdehnen und wurde die ansteigende Preisentwicklung der Eigenheime befeuert. Zwar gab es bereits früh warnende Stimmen, die auf eine sich aufbauende Immobilienblase hingewiesen haben, aber das starke und bis 2006 nahezu ungebrochene Wachstum des US-amerikanischen Hypothekenmarktes schien ein Gegenbeleg zu sein.

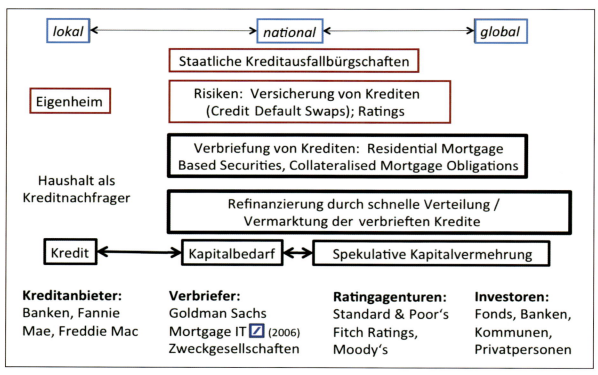

Abb. 4: Produkte und Akteure im Wohnimmobilienmarkt der USA (Eigener Entwurf)

Jedoch war das System der auf Hypotheken und Wohnimmobilien basierten Wertpapiere abhängig von der Zufuhr einer immer größeren Zahl zahlungsfähiger Hypothekennehmer. Diese ist wiederum abhängig von der positiven Werterwartung der Eigenheime und dem verfügbaren Einkommen der potentiellen Kreditnachfrager. Wie oben gezeigt brach der Hauspreisindex der Ratingagentur Standard & Poor 2007 im Jahre ein (vgl. Abb. 3). In Folge verschlechterten sich die Ratings der CDOs und mit der Zunahme der Kreditausfälle wuchs der Zerfall der Werte der CDOs und CDS. Es folgte der Zusammenbruch des kreditfinanzierten Wohnungsmarktes, der jedoch nicht ursächlich auf die Mikrorationalität der Kreditnehmer zurückzuführen ist, sondern auf den Hebel-Effekt der Verbriefer und den massiven nationalen und v.a. internationalen Kapitalzufluss mit der damit verbundenen starken Nachfrage nach CDOs. Der Ausbruch und der frühe Verlauf der subprime Krise sind damit den Faktoren der Finanzialisierung zuzuschreiben, die marktwirtschaftlich hergestellte Effizienzzustände versprochen haben (hier zwischen Kreditnachfragen und Kapitalrenditen), aber zu einer spekulativen Aufblähung führten. Das Finanzsystem und diejenigen, die mit Geld als Ware handeln, haben am Beispiel des Hypothekenmarktes demonstrativ aufgezeigt, wie ein immobiler Wert in eine liquide Form überführt werden kann und auf diese Weise „wertschöpfend" wird, wodurch neuer (sub-)urbaner Raum geschaffen worden ist (Dymsky 2009; Gotham 2009).

3.1.3 Stadt als Ursache der Finanzkrise

In den wissenschaftlichen Analysen, die Stadtforscher zur Finanzkrise vorgelegt haben, wird die finanzdominierte Wirtschaft auch als *„residential capitalism"* bezeichnet (Schwartz und Seabrooke 2008). Der Begriff zielt auf die überragende Bedeutung der Haus-, Grundstücks- und Immobilienmärkte für die Wirtschaft ab. Diese ist in dem Weltentwicklungsbericht (Weltbank 2009) folgendermaßen beschrieben worden:

Geographie der Finanz- und Wirtschaftskrise

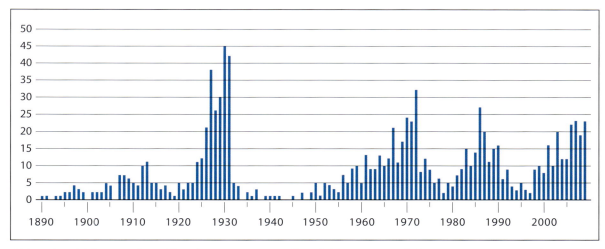

Abb. 5: Hochhäuser in New York (> 70 m, Fertigstellung) (Goetzmann & Newman 2010: 20 nach Emporis-Datenbank)

„[…] seit der Deregulierung der Finanzsysteme in der zweiten Hälfte der 1980er Jahre hat sich die marktorientierte Wohnungsbaufinanzierung rasch ausgeweitet. In den entwickelten Ländern beträgt das Volumen der Hypothekenmärkte heute über 40% des Bruttoinlandsprodukts (BIP), während es in den Entwicklungsländern mit weniger als 10% des BIP deutlich geringer ist. Die Rolle des Staates sollte darin bestehen, das private Engagement zu stimulieren und gut zu regulieren. […] Ein wichtiger erster Schritt kann darin bestehen, die gesetzlichen Grundlagen für einfache, vollstreckbare und ordentliche Hypothekenverträge zu schaffen. Sobald das System eines Landes weiterentwickelt und ausgereift ist, kann der öffentliche Sektor einen sekundären Hypothekenmarkt fördern, Finanzinnovationen entwickeln und die Verbriefung von Hypotheken ausweiten. Eigener Hausbesitz, der in der Regel die mit Abstand größte Kapitalanlage eines Haushalts bildet, spielt eine wichtige Rolle für die Schaffung von Wohlstand, die soziale Sicherheit und die politische Ordnung. Menschen, die ein eigenes Haus […] haben, beteiligen sich stärker an ihrem Stadtteil und sind daher eher geneigt, sich für die Verringerung der Kriminalität, eine stärkere staatliche Kontrolle und bessere Umweltbedingungen einzusetzen."

(Weltbank 2009: 206)

In seiner Kritik am Weltentwicklungsbericht und in seinen Einschätzungen zur Finanzkrise weist David Harvey (2012) darauf hin, dass diese Auffassung der Weltbank sehr deutlich auf die Gründe verweist, die zu den Fehlentwicklungen der finanzdominierten Wirtschaft und Politik geführt haben. Denn – wie oben dargelegt – sind in den USA genau die oben empfohlenen Schritte realisiert worden und haben die Krise eingeleitet. Weiterhin wird von ihm auch die Propagierung des Hausbesitzes kritisiert, die im Vorfeld der Krise von Finanzakteure als Begründungsstrategie genutzt worden ist, um Hypothekendarlehen offensiv anzubieten.

In der Sicht der marxistischen Stadtforschung, die Harvey vertritt, werden immobilienwirtschaftliche Aspekte mit grundlegenden Bewegungsgesetzen des Kapitals verbunden. Dieses gilt nicht nur für den Wohnungsmarkt: „Die Skyline von New York erinnert uns in eindringlicher Weise daran, wie durch Verbriefung das Kapital einer spekulierenden Öffentlichkeit mit realen Bauprojekten verknüpft werden konnte" (Goetzmann & Newman 2010, zit. nach Harvey 2012: 7). Die Herstellungszeiten dieser Skyline markieren daher die Phasen der Hochkonjunktur, die vor und wegen der zeitlichen Verzögerung zwischen Baubeginn und Fertigstellung auch noch während der großen Krisen in den USA 1929, 1973, 1987 und 2000 bestanden (vgl. Abb. 5). Das äußere Erscheinungsbild Manhattans illustriert auch die theoretisch zu klärende Frage, wie das Finanzkapital mit den konkreten Bauprojekten zusammenhängt.

Nach Harvey absorbieren Prozesse der Verstädterung, ob in Form neuer gewerblicher Immobilien in den Innenstädten oder als Eigenheimbau im suburbanen Raum, überschüssiges Kapital. Damit treten immer dann, wenn der *„return on investment"* in andere Wirtschaftsbereiche beispielsweise wegen schwacher Konsumnachfrage gering ist oder wenn Leitzinsen niedrig sind und damit das Kapitalangebot vergleichsweise hoch ist, überproportionale Aktivitäten auf dem Immobilienmarkt auf und führen zur regen Bautätigkeit.

In diesem Zusammenhang ist ein Vergleich der fordistischen Produktion des suburbanen Raumes mit der im finanzdominierten Regime aufschlussreich. Im fordistischen System der komplementären Verstärkung von Massenproduktion und Massenkonsum bildet die Suburbanisierung einen besonderen Wachstumsimpuls. In dieser Phase blieben Überakkumulationskrisen aus, da Überschüsse durch hohe und tendenziell steigende Lohnquoten absorbiert worden sind. Der damalige massenhafte Bau von Eigenheimen, verbunden mit einem enormen infrastrukturellen Ausbau zur Anbindung und Ausstattung der neuen suburbanen Gebiete und die hohe Motorisierung der Haushalte konnten auf diese Weise eine stimulierende und stabilisierende Funktion in den USA ausüben. Eine entsprechende Rolle spielte die Suburbanisierung auch in Westeuropa.

Einige Elemente der Materialität und der Symbolik der fordistischen Verstädterung sind auch im Vorspiel der Immobilienkrise wirksam gewesen. An vorderster Stelle steht dabei die ideologische Aufladung des Eigenheims in den USA, das in den 1960er wie in der jüngsten Vergangenheit als Statussymbol fungiert hat. Nach wie vor steht das Eigenheim hoch auf der individuellen Präferenzskala und ist Objekt staatlicher Förderpolitik. Weiterhin sind die realisierten städtebaulichen Ergebnisse ähnlich, besonders im Hinblick auf monofunktionale, nur durch motorisierten Individualverkehr erschließbare Siedlungsformen. Aber es bestehen auch grundsätzliche Unterschiede: Waren die früheren Suburbanisierungsprozesse Ausdruck der Kopplung steigender Einkommen und der *„economics of scale"*, d.h. Kostenreduktionen durch Massenproduktion, ist die zuletzt abgelaufene Suburbanisierung gegründet auf finanzwirtschaftliche Logiken, d.h. temporär günstige Kreditzinsen und Preisspekulation. Auch sind die damit verbunden gesellschaftlichen und räumlichen Ungleichheiten verschiedenartig. Während der *„urban sprawl"* zum Auszug der kapitalstarken, überwiegend „weißen" Mittelschichten aus den Innenstädten beitrug und damit die inneren Städte nicht nur verarmten, sondern sich zu Orten mit massiven Problemverdichtungen, Konflikten und Krisen verdichteten, ist die gegenwärtige Situation vielschichtiger. Dieses wird u.a. durch Konzepte der fragmentierten Stadt angesprochen, die eher auf das Nebeneinander von „gentrifizierten" und „abgehängten" Innenstadtquartieren oder nach wie vor wohlhabenden und niedergehenden suburbanen Räumen sprechen (vgl. dazu Häussermann et al. 2008; Hesse 2008).

3.2 Geographische Erklärungen der Finanzkrise (2): Geoökonomische Beziehungen und die Rolle der Finanzzentren

Doch mit der Verstädterung haben wir nur eine Seite der geographischen Erklärungen der Finanzialisierung angesprochen. Diese ist durch eine zweite Seite zu ergänzen, auf der besonders die Finanzakteure in den Blick kommen, die auch die

Geographie der Finanz- und Wirtschaftskrise

Intermediäre zur Makrorationalität der finanzdominierten Akkumulation darstellen. Zwei Jahre nach Ausbruch der Finanzkrise als Folge des Platzens der Hypothekenblase sind Einzelpersonen und Finanzinstitutionen in den USA angeklagt worden, sie hätten aktiv den Markt für CDOs angeheizt. Investmentbanken wird vorgeworfen, sie hätten Informationen im Hinblick auf mögliche Risiken manipuliert und Ratingagenturen werden beschuldigt, zu gute Einschätzungen sehr unsicherer Papiere gegeben zu haben. Zudem hätte eine starke Personalfluktuation zwischen Verbriefungs- und Ratingagenturen zu Interessenkonflikten geführt, die häufig zu Lasten der Investoren aufgelöst worden wären. Wenn wir diesen Kontext mit wirtschaftsgeographische Erkenntnisse über kreative Milieus und regionale Innovationssysteme verbinden, die die Vorteile der räumlichen Nähe und der direkten Kommunikation sowie der geteilten Wissensproduktion betonen, dann lassen die Innovationen im Finanzsystem auch die These zu, sie seien in bestimmten Zentren erfunden, getestet und vermarktet worden. Damit hätte die finanzdominierte Wirtschaft auch eine spezifische geographische Form, die sich in der räumlichen Konzentration der Finanzinstitutionen und ihrer Manager zeigt, also besonders in den Städten New York, London, Frankfurt, Hongkong, Tokio.

Welche Rolle Finanzzentren als Expertencluster und einflussreiche Einzelpersonen, die „Geld bewegen" können, für die finanzdominierte Wirtschaft und als Ursache der Finanzkrise spielen, ist empirisch nicht geklärt. Allerdings meinen French et al., dass sie „die primären Ursachen dieser Krise auf bereits länger bestehendem Wettbewerb führender internationaler Finanzzentren" zurückführen können (French et al. 2009: 290, Übers. J.O.). Damit verweisen sie zum einen auf das durch die Global Cities hergestellte weltweite Netzwerk, das einen schnellen Informationsaustausch und nahezu unbegrenzte Kapitalflüsse sicherstellt. In diesen städtischen Zentren globaler Finanznetzwerke erfolgten sowohl die Innovationen der Finanzprodukte wie die CDO und CDS als auch ihre globale Vermarktung. Zum andern sind Finanzzentren nach wie vor in nationale und regionale institutionelle Kontexte eingebettet und reflektieren damit die jeweils vorherrschende Finanzpolitik und Wirtschaftspolitik bzw. strukturieren diese aktiv. So verweist die Bezeichnung *„Wall Street-Washington Corridor"* auf einen Koordinationsmechanismus zwischen der Finanzelite in New York und der US-amerikanischen Finanz- und Währungspolitik (Johnson 2009; Harvey 2011: 20). Noch klarer arbeitet die Gruppe um Julie Froud die entsprechende Rolle Londons in Großbritannien heraus und belegen die engen Abhängigkeiten zwischen den artikulierten britischen „nationalen Interessen" von den Positionen und Wettbewerbsstrategien der Akteure der Londoner City (Ertürk et al. 2011).

Auch wenn bisher nur einzelne Indizien für die produktive Rolle der Finanzzentren in der Entstehung und im Verlauf der Krise bestehen, lassen sich schlussfolgernd zwei Aspekte herausstellen: Erstens wird das komplexe und häufig nur abstrakt darstellbare Finanzsystem in Global Cities konkret. Dieses bezieht sich sowohl auf eine kleinräumige bauliche Umwelt, die damit Räume der Repräsentation der globalen Finanzwelt geworden sind, als auch auf die Konzentration von Akteuren, die als Experten, Repräsentanten, Analytiker und Investoren diese Welt in Bewegung halten und das globale Netzwerk organisieren. Zweitens sind Global Cities Orte spezifischer Wissensproduktion, die zu neuen Finanzprodukten führt und damit diese Form der Globalisierung nicht nur reproduzieren, sondern aktiv gestalten und formen.

3.3 Geographie der Krisenursachen – Zusammenfassende Thesen

Die Auseinandersetzung über die finanzdominierte Wirtschaft als Transformationsmotor westlicher Gesellschaften in den letzten Jahrzehnten hat besonders auf die Intensivierung finanzwirtschaftlicher Verflechtungen hingewiesen. Aus geographischer Sicht sind besonders solche Beziehungen zu betonen, die zwischen der individuellen bzw. lokalen Ebene einerseits sowie der globalen Ebene andererseits bestehen, auf der Banken und andere transnationale Finanzakteure handeln. Derartige Verbindungen zwischen mikro- und makroökonomischer Handlungsmuster, Interessenverknüpfungen und Abhängigkeiten bilden ein glokales Regime, also eine enge, strukturierende und damit eine Handlungsrealität aufbauende Kraft, durch die die globale und lokale Ebene komplex vernetzt wird. Das so aufgebaute glokale Regime der Finanzialisierung bildet auch die primäre Dimension geographischer Erforschung der Krisenursachen. Der im vorhergehendem Abschnitt gegebene Hinweis auf die darin immanent eingebundenen Ausbreitungsmuster, die eine Ponzi-Architektur aufweisen, unterlegt dieser Form einen negativen, teilweise auch kriminellen Beigeschmack, der in einigen Fällen auch bereits gerichtlich festgestellt ist. Allerdings kann diese Einordnung nicht hinreichend beleuchten, warum das globale Regime der Finanzialisierung sich solange erfolgreich ausbreiten und auf eine umfassende Beteiligung ganz unterschiedlicher Akteure setzen konnte. Zumindest ist die Einschätzung vieler Berater und Wissenschaftler zu berücksichtigen, die offensichtlich glaubhaft die Meinung vertreten haben, eine große Zahl und eine Vielfalt an Teilnehmern würde den Finanzmärkten zu höherer Effizienz und Resilienz verhelfen. Damit würde gerade der globale Charakter der Finanzialisierung eine „informelle" Versicherheitlichung der Risiken befördern.

Während das Zusammenspiel zwischen lokalen und globalen Prozessen bzw. zwischen der Mikrorationalität der einzelnen Haushalte und der makroökonomischen Logik finanzwirtschaftlicher Austauschprozesse die erste Dimension abgibt, entsteht die zweite Dimension aus der Materialität dieser Prozesse. Sie schlägt sich in Formen des Wohnungsbaus, der Verstädterung, Suburbanisierung und gewaltiger gewerblicher Immobilienprojekte nieder. Die Produktion des gebauten Raumes auf Basis scheinbar unendlicher Möglichkeiten kreditbasierter Finanzierung steht nicht nur für die Materialisierung dieses Regimes, sondern erscheint vielmehr als das, was David Harvey (2011) als *„spatial fix"* bezeichnet hat. Dieser Begriff steht sozusagen für eine geographische Ressource der kapitalistischen Entwicklung, die als besonderer Antrieb genutzt werden kann. Das Streben nach Wohnungseigentum und die Bereitschaft, sich dafür in erheblichem Umfang zu verschulden, bringt nicht nur die individuelle Ebene mit den Finanzierungs- und Kreditflüssen der Makroebene zusammen, sondern sie nutzt, erzeugt und formt Raum als Siedlungsgebiete und erzeugt auf diese Weise eine veränderte Alltäglichkeit. Der Immobilienboom in den USA und den europäischen Ländern war eine Initialzündung, durch die die latenten Krisentendenzen des Regimes der Finanzialisierung zugespitzt und eine Kette von weiteren Kriseneffekten ausgelöst worden sind. Auch wenn man derzeit mit Verallgemeinerungen noch zurückhaltend sein sollte, hat die neue Welle der Verstädterung den Ausgangspunkt für die globale Finanzkrise gebildet und stellt jetzt im Verlauf der Krise und sicherlich auch noch viele Jahre eine raumstrukturelle Herausforderung dar.

Eine dritte Dimension der Geographie des Regimes der Finanzialisierung zeigt sich in seiner Machtstruktur. Lange Zeit bestand die Auffassung, finanzwirtschaftliche Beziehungen würden die geographischen Beziehungen unwichtiger machen. Thesen über das „Ende der Geographie" oder *„The world is flat"* sind prominent artikuliert worden (Martin 2011). Jedoch ist vielfach belegt, dass auch die Finanzwelt geographisch konzentriert organisiert ist und damit Macht-

Geographie der Finanz- und Wirtschaftskrise

zentren lokalisiert werden können. Dazu gehören die Entscheidungszentralen global agierender Banken, die aber in ein entsprechendes Umfeld anderer Dienstleistungsunternehmen der Finanz-, Rechts- und Wirtschaftsberatung eingebettet sind. Es gibt dominierende Finanzplätze, die von den global agierenden Akteuren der Finanzwelt besetzt worden sind. Diese strukturieren das Regime, erneuern kreativ die Geschäftsfelder und sorgen für unterstützende Regularien der jeweiligen Regierungen. Das Regime der Finanzialisierung ist damit eng an das Netzwerk der Global Cities und die Hierarchie ihrer Knoten angebunden. Diese Zentren repräsentieren damit die globale Reichweite und ihre Architektur symbolisiert die Macht des Regimes der Finanzialisierung.

4. Geographie der Krisenfolgen

Obwohl die gegenwärtige Wirtschafts- und Finanzkrise in historischer Perspektive nicht als einmaliges Erlebnis anzusehen ist, liegen keine fachlichen Konzepte vor, die Krisenfolgen systematisch ausleuchten können. Dennoch soll an dieser Stelle an vier Richtungen erinnert werden, die in der Vergangenheit Krisenfolgen aus geographischer Sicht bearbeitet haben (zusammenfassend: Johnston & Taylor 1989). Drei von ihnen hängen direkt oder vermittelt mit dem Niedergang des Fordismus zusammen und sind dementsprechend in den 1970er und 1980er Jahren entstanden.

Zum ersten ist dabei auf die Debatte über die „Neue Internationale Arbeitsteilung" zu verweisen (Fröbel et al. 1981), die auf eine Transformationen abzielt, die in den industriellen Kernländern ausgeprägte Prozesse der Deindustrialisierung und Massenarbeitslosigkeit erzeugt hat. Damit standen die Regionalkrisen altindustrieller Räume im Fokus, in Deutschland z.B. das Saarland und das Ruhrgebiet oder Textilregionen und Werftstandorte. Analysiert wurden die Gründe, die zur Verlagerung einzelner Abschnitte des Produktionsprozesses geführt haben. Weiterhin wurde erörtert, welche regionalen Modernisierungsstrategien übrig bleiben, um die von Arbeitslosigkeit bedrohten Industriebeschäftigten im Arbeitsprozess zu halten (Carney et al. 1980).

Zum zweiten ist auf die Literatur zur städtischen Krise zu verweisen, die sich auch auf fordistische Muster der Raumproduktion bezog und mit dem Primat der Funktionstrennung und weiteren Prinzipien des Städtebaus nach der Charta von Athen verbunden war. Angesprochen wurden die städtischen Finanzkrisen, die eng mit der Deindustrialisierung zusammenhängen, sowie die sozialen Polarisierungen in der Stadt und damit verbundene Armutskonzentrationen. Weiterhin sind die damals aufkommenden städtischen sozialen Bewegungen thematisiert worden und damit trat auch die Klassenfrage wieder in den Vordergrund, die auch heute noch intensiv diskutiert wird (Mayer et al. 1978).

Drittens bestand eine Auseinandersetzung mit der Schuldenkrise der Dritten Welt. Mit Ausbruch der Fordismuskrise wurden große Kapitalströme in die Länder des globalen Südens umgeleitet. Dort waren für die Kapitalgeber höhere Renditen zu erwirtschaften und die Empfängerländer zeigten sich offen für die leicht zugänglichen Kredite zu anfänglich günstigen Zinsen. Mit der Stabilisierung der Weltwirtschaftskonjunktur Anfang der 1980er Jahre stiegen die Kapitalzinsen an und viele Länder der Dritten Welt gerieten in eine Schuldenfalle. Mit den Instrumenten der Weltbank und des IWF wurde ein äußerst wirksamer Sanktionsmechanismus in Form der Strukturanpassungspolitik entwickelt und damit den betroffenen Ländern eine Austeritätspolitik verordnet, die zu tiefgreifenden Anpassungsproblemen, sozialen Polarisierungen und Destabilisierungen geführt hat (Corbridge et al. 1994).

Die vierte fachwissenschaftliche Richtung, die sich schwerpunktmäßig mit Krisenerscheinungen beschäftigt hat, bezieht sich nicht auf die Fordismuskrise, sondern auf den Niedergang der sozialistischen Gesellschaften und deren Transformationsprobleme. In gewissem Sinne ist diese Richtung den ersten beiden Fachrichtungen benachbart, da auch hier industrielle und städtische Veränderungen und deren Strukturprobleme im Vordergrund stehen. Jedoch liegt der Fokus auf der Einführung marktwirtschaftlicher Institutionen mit der Garantie auf Eigentum sowie demokratisch repräsentativer Prozesse (Fassmann 1997).

Angesichts dieser verschiedenen Erfahrungsarchive wäre die These naheliegend, die Geographie wäre gut vorbereitet, gegenwärtige Krisenfolgen zu untersuchen und zu bewerten. Ganz im Gegensatz dazu meint Eike Schamp, auf ein tiefgehendes fachliches Defizit verweisen zu müssen: „So scheint die Wirtschaftsgeo-graphie heute schlecht vorbereitet, sich mit tieferen Gründen und längeren Wirkungen der Krise im Weltmaßstab auseinanderzusetzen" (Schamp 2011: 104). Zumindest, so wäre es vor dem Hintergrund der reichhaltigen geographischen Ansprache früherer Krisen zu ergänzen, wäre eine entsprechende Aktualisierung nötig, die eine eingehendere Rezeption notwendig machen würde, als hier machbar ist. Daher sollen im Folgenden beispielhaft einige Hauptbereiche benannt werden, in denen sich Krisenfolgen besonders markant artikulieren.

(1) Eine wichtige, fachlich und engagiert zu verfolgende Aufgabe stellt die kontinuierliche Beobachtung des Wohnungsmarktes dar, die im Bezug auf die USA eng mit sozialen, rassistischen und geschlechtsbezogenen Ungleichheiten verbunden ist (Wyly et al. 2009). Sie ist zudem nicht auf die USA zu reduzieren, sondern auch in Europa oder in Ostasien sind entsprechende Fragestellungen naheliegen (z.B. García 2010). Eng verbunden mit den sozialen Betroffenheiten ist auch die Frage, was mit den spekulativ erstellten Bauten und Siedlungen in Zukunft passieren soll. Welche Ideen und Konzepte können die Geographie und die Stadtforschung entwickeln, die für die entwerteten Formen der Finanzialisierung eine nachhaltige Nutzung erzeugen? Hinzu tritt die Frage, ob und in welchem Ausmaß spekulative Bewegungen auf dem residentiellen und gewerblichen Immobilienmarkt in Zukunft verhindert werden können.

(2) Ein zweiter Bereich bezieht sich auf Arbeitsmarktprobleme, die im Lauf der Krise entstanden sind. Zunächst ist bereits darauf hingewiesen worden, dass sich die Finanzwirtschaft stark in einigen Großstädten konzentriert. Die Krise hat als erstes besonders den sogenannten FIRE-Sektor (Banken und Finanzunternehmen, Versicherungs- und Immobilienwirtschaft) betroffen und damit die mittel- bis gut-bezahlten Erwerbstätigen. Aber dieser Einbruch auf dem urbanen Arbeitsmarkt ist inzwischen ebenso als vorübergehend einzustufen wie Arbeitslosigkeit bzw. Kurzarbeit in der Industrie (in Deutschland beispielsweise im Fahrzeugbau) und im Transportsektor wegen des Einbruchs des Welthandels (z.B. Hamburger Hafen). Allerdings sind auch dauerhafte Abwärtsbewegungen und Strukturprobleme des Arbeitsmarktes über die Finanzkrise verschärft sichtbar geworden. Dazu ist besonders auf die südeuropäischen Arbeitsmärkte zu verweisen, die eine massive Arbeitslosigkeit besonders bei jüngeren Erwerbstätigen zeigen. Mit Ausbruch der gegenwärtigen Krise und abnehmender Interventionsfähigkeit der jeweiligen Staaten sind diese bereits länger bestehenden Schwierigkeiten besonders prekär geworden.

(3) Drittens gibt es akute Währungs- und Verschuldungsprobleme als Folge der Krise. Zur Diskussion stehen hier besonders die Unterschiede zwischen solchen Ländern, die entweder durch

ihre Handels- und Leistungsbilanzdefizite auf Kapitalzufuhr angewiesen sind (z.B. USA, aber auch das Vereinigte Königreich), oder die auf Grund ihrer starken Exportaktivitäten Devisen aufgehäuft haben und diese zur Kreditfinanzierung bereit stellen können (z.B. China, ölexportierende Länder). Somit steht mit Ausbruch der Finanzkrise die zuvor unbestrittene Hegemonialposition der USA in Frage. Ein weiteres geoökonomisches Problemfeld ist im Euroraum durch die unterschiedlichen Kapazitäten der beteiligten Länder entstanden, dem in der Krise entstandenen Schuldenanstieg durch Wirtschaftswachstum oder durch Sparhaushalte zu begegnen. Hier zeigt sich ein deutliches Nord-Süd Gefälle im Währungsraum, das derzeit mit der Frage nach der Zukunft der gemeinsamen Währung verbunden ist (vgl. dazu der Beitrag von Thomi in diesem Band).

Diese drei Themenfelder illustrieren beispielhaft Themen der Krisenfolgenforschung, die theoretisch anspruchsvoll, praktisch sehr relevant und nach wie vor hochaktuell sind. Besonders wichtig erscheint derzeit, dass sich die im Jahre 2008 ausgebrochene Finanz- und Wirtschaftskrise in ihrer Verlaufsform geändert und unterschiedliche Schwerpunkte gezeigt hat, aber auch anhält und weiterhin turbulente Wirkungen auf den Arbeits-, Immobilien- und Währungsmärkten erzeugt. Von daher ist es eine besonders wichtige fachliche Aufforderung, sich in die Lage zu versetzen, die längeren Wirkungen der Krise angemessen zu untersuchen und Handlungsvorschläge zu ihrer Überwindung anzubieten.

5. Schlussfolgerungen

Die letzten Jahrzehnte waren geprägt durch den Aufstieg einer finanzdominierten Wirtschaft, die in vielfältigen Dimensionen veränderte Logiken auf individueller, unternehmerischer und staatlicher Ebene durchgesetzt hat. Einige sind in diesem Beitrag angesprochen worden. Die Auswahl fiel besonders auf solche, in denen die Produktion von Raum, Konzepte der geographischen Nähe und Fragen räumlicher Ungleichheit in den Vordergrund gerückt werden konnten. Damit sollte ein Entwurf für eine Geographie der Krisenverursachung und der Krisenfolgen vorgelegt werden, der weitere Untersuchungen anregt. Welche Reichweite und Leistungsfähigkeit die hier vorgebrachten Argumentationslinien haben werden, wird sich in Zukunft zeigen, wenn sich die jetzt entstehenden Entwicklungspfade deutlicher abzeichnen.

Zwei Punkte sind abschließend hervorzuheben, denen eine zentrale Bedeutung zukommt. Zum Ersten ist eine Thematisierung der Rolle des Staates auf lokaler, nationaler und globaler Ebene notwendig. Viel ist über eine Renaissance des Nationalstaates gesprochen worden, als in der heißen Phase der Krise die einzelnen Regierungen durch unglaublich erscheinende Garantiehöhen das Kollabieren des Finanzsystems verhindert haben. Die Stärke des Nationalstaates zur Intervention in den befürchteten wirtschaftlichen Niedergang erwies sich aber als scheinbar, denn als Folge des finanziellen Kraftaktes traten Verschuldungsprobleme auf, durch die die zukünftige staatliche Interventionsfähigkeit weitgehend reduziert worden ist. Die „Schuldenbremse" wird sich auf alle staatlichen Ebenen auswirken und besonders auch die kommunalen Finanzen stark betreffen, damit unmittelbar Einfluss auf das Alltagsleben haben.

Zum Zweiten stellt sich die Frage nach dem zukünftigen Wachstumsmodell. Die Krise ist Ausdruck der Finanzialisierung gewesen und möglicherweise wird in Zukunft eine derart überhitzte Spekulation auf den Finanzmärkten durch verbesserte Beobachtungs- und Kontrollmechanismen ausbleiben. Dennoch bleibt die Frage, wohin die Kapitalströme in Zukunft fließen werden bzw. wo renditeträchtige Anlagemöglichkeiten wahrgenommen werden. Derzeit besteht so etwas wie eine permanente Krise, aus der ein Ausweg gesucht wird. Im Zuge der Energiewende wird in Deutschland häufig der „grüne Kapitalismus" als Zukunftsmodell angesprochen. So attraktiv diese Vorstellung für viele erscheint, ist es aber bisher völlig offen, ob dieser Entwicklungsweg gangbar sein wird. In jedem Fall wird diese Frage auch nicht wissenschaftlich entschieden, sondern ist Gegenstand der politischen Debatte, der sozialen Kämpfe und der sozialen und technischen Innovationsleistungen. Rückblickend wissen wir, dass der Kapitalismus lernfähig ist und sich auch in unerwarteten Formen reproduziert. Diese Lernprozesse sollten aus wissenschaftlicher Sicht kritisch begleitet und in der Bildungsarbeit in Hinblick auf ihre Nachhaltigkeit reflektiert werden.

Literatur

BIELING, H.-J. (2009): Internationale Politische Ökonomie. Eine Einführung. 2. Aufl., Wiesbaden, VS

BURKHALTER, L. & M. CASTELLS (2009): Beyond the crisis: towards a new urban paradigm. The 4th international conference of the International Forum on Urbanism (IFoU) 2009 Amsterdam/Delft: the new urban question – urbanism beyond neo-liberalism, http://newurbanquestion.ifou.org/proceedings/1%20The%20New%20Urban%20Question/Castells_BEYOND%20THE%20CRISIS.pdf [01.08.2011]

CARNEY, J., HUDSON, R. & J. LEWIS (eds.) (1980): Regions in crisis. New perspectives in European regional theory, New York, St. Martin's Press

CHESNAIS, F. (2004): Das finanzdominierte Akkumulationsregime: theoretische Begründung und Reichweite, in: Zeller, C. (Hg.): Die globale Enteignungsökonomie, Münster, Westfälisches Dampfboot: 217-254

CORBRIDGE, S., THRIFT, N. & R. MARTIN (eds.) (1994): Money, power, and space, Oxford et al., Blackwell

CREUTZ, H. (1994): Das Geldsyndrom. Wege zu einer krisenfreien Marktwirtschaft, Frankfurt/M., Ullstein

DÖRRE, K., LESSENICH, S. & H. ROSA (Hg.) (2009): Soziologie – Kapitalismus – Kritik, Frankfurt/M., Suhrkamp

DYMSKY, G.A. (2009): Afterword: mortgage markets and the urban problematic in the global transition, International Journal of Urban and Regional Research, Vol. 33. No. 2: 427-442

ERTÜRK, I. et al. (2011): City state against national settlement. UK economic policy and politics after the financial crisis, o.O. (CRESC Working Paper Series 101)

FASSMANN, H. (Hg.) (1997): Die Rückkehr der Regionen. Beiträge zur regionalen Transformation Ostmitteleuropas, Wien, Verlag der Österreichischen Akademie der Wissenschaften

FRENCH, S., LEYSHON, A. & N. THRIFT (2009): A very geographical crisis: the making and breaking of the 2007-2008 financial crisis, Cambridge Journal of Regions, Economy and Society, Vol. 2. No. 2: 287-302

FRENCH, S., LEYSHON, A. & T. WAINWRIGHT (2011): Financializing space, spacing financialization, Progress in Human Geography, Vol. 35. No. 6: 798-819

FRÖBEL, F., HEINRICHS, J. & O. KREYE (Hg.) (1981): Krisen in der kapitalistischen Weltökonomie, Reinbek bei Hamburg, Rowohlt

GARCÍA, M. (2010): The breakdown of the Spanish urban growth model: social and territorial effects of the global crisis, International Journal of Urban and Regional Research, Vol. 34. No. 4: 967-980

GOETZMANN, W.N. & F. NEWMAN (2010): Securitization in the 1920's, o.O. (NBER Working Paper Series 15650)

GOTHAM, K.F. (2009): Creating liquidity out of spatial fixity: the secondary circuit of capital and the subprime mortgage crisis, International Journal of Urban and Regional Research, Vol. 33. No. 2: 355-371

HARVEY, D. (2011): The enigma of capital and the crises of capitalism, London, Profile Books

HARVEY, D. (2012): Die urbanen Wurzeln der Finanzkrise. Die Stadt für den antikapitalistischen Kampf zurückgewinnen, Hamburg (Supplement der Zeitschrift Sozialismus 2)

HÄUSSERMANN, H., LÄPPLE, D. & W. SIEBEL (2008): Stadtpolitik, Frankfurt/M., Suhrkamp

HESSE, M. (2008): Resilient Suburbs? Ungleiche Entwicklungsdynamiken suburbaner Räume in Nordamerika im Zeichen der Kreditkrise, Geographische Zeitschrift, Vol. 96. No. 4: 288-301

JOHNSON, S. (2009): The quiet coup, The Atlantic, http://www.theatlantic.com/magazine/archive/2009/05/the-quiet-coup/7364/ [01.08.2011]

JOHNSTON, R.J. & P.J. TAYLOR (1989): A world in crisis? Geographical perspectives. 2nd ed., Oxford et al., Blackwell

KESSLER, O. (Hg.) (2011): Die internationale politische Ökonomie der Weltfinanzkrise, Wiesbaden, VS

Leitzinsen.info, www.leitzinsen.info/charts/funds.htm

LUTZ, B. (1984): Der kurze Traum immerwährender Prosperität. Eine Neuinterpretation der industriell-kapitalistischen Entwicklung im Europa des 20. Jahrhunderts, Frankfurt/M. et al., Campus

MARTIN, R. (2011): The local geographies of the financial crisis: from the housing bubble to economic recession and beyond, Journal of Economic Geography, Vol. 11. No. 4: 587-618

MAYER, M., ROTH, R. & V. BRANDES (Hg.) (1978): Stadtkrise und soziale Bewegungen. Texte zur internationalen Entwicklung. Köln, Europäische Verlagsanstalt

MÜGGE, D. (2011): Kreditderivate als Ursache der globalen Finanzkrise: Systemfehler oder unglücklicher Zufall?, in: Kessler, O. (Hg.): Die internationale politische Ökonomie der Weltfinanzkrise, Wiesbaden, VS: 53-73

OSSENBRÜGGE, J. (2008): Entgrenzung, Regionalisierung und Raumentwicklung im Diskurs der Moderne, in: Schamp, E.W. (Hg.): Handbuch des Geographieunterrichts 9. Globale Verflechtungen, Köln, Aulis: 19-35

ROTH, K.H. (2009): Die globale Krise, Hamburg, VSA

SCHAMP, E.W. (2011): Finanzkrise in der Weltwirtschaft – Theoriekrise in der Wirtschaftsgeographie: Anmerkungen zur aktuellen wirtschaftsgeographischen Krisenforschung, Zeitschrift für Wirtschaftsgeographie, Vol. 55. No. 1: 103-114

SCHWARTZ, H. & L. SEABROOKE (2008): Varieties of residential capitalism in the international political economy: old welfare states and the new politics of housing, Comparative European Politics, Vol. 6. No. 3: 237-261

Standardandpoors.com, www.standardandpoors.com

STREECK, W. & D. MERTENS (2010): Politik im Defizit. Austerität als fiskalpolitisches Problem, Köln (MPIfG Discussion Papers 10/5)

TABB, W. (2010): Financialization in the contemporary social structure of accumulation, in: McDonough, T., Reich, M. & D.M. Kotz (eds.): Contemporary capitalism and its crises. Social structure of accumulation theory for the 21st century, Cambridge et al., Cambridge University Press: 145-167

WELTBANK (2009): Wirtschaftsgeografie neu gestalten. Weltentwicklungsbericht 2009, Düsseldorf, Droste

WINDOLF, P. (2005): Finanzmarkt-Kapitalismus, Kölner Zeitschrift für Soziologie und Sozialpsychologie – Sonderhefte, No. 45: 20-57

WYLY, E., MARKUS, K., MOOS, H.F. et al. (2009): Cartographies of race and class: mapping the class-monopoly rents of American subprime mortgage capital, International Journal of Urban and Regional Research, Vol. 33. No. 2: 332-354

ZELLER, C. (2011): Verschiebungen der Krise im globalen Rentierregime: Ungleichgewichte und Suche nach neuen Feldern, Zeitschrift für Wirtschaftsgeographie, Vol. 55. No. 1: 65-83

Jürgen Oßenbrügge
Institut für Geographie
Universität Hamburg
Bundesstraße 55, 20146 Hamburg
ossenbruegge@geowiss.uni-hamburg.de
http://www.uni-hamburg.de/geographie/professoren/ossenbruegge

Währungsräume im Spannungsfeld von Finanz- und Realwirtschaft – Wirkungsmechanismen von Währungs- und Finanzmärkten aus räumlicher Perspektive

Walter Thomi

erschienen in: Oßenbrügge, J. (Hg.): Geographie der Weltwirtschaft. Hamburg 2012
(Hamburger Symposium Geographie, Band 4): 57-80

1. Einleitung

Die rezenten Entwicklungen nicht erst seit der Finanzkrise von 2007/08 verdeutlichen Wirkungszusammenhänge zwischen Realwirtschaft und Finanzmärkten, die insbesondere durch neue Formen der Dominanz seitens des Finanzsektors gekennzeichnet sind (Sablowski 2011). Im nachfolgenden Beitrag geht es darum, diese Wirkungszusammenhänge aus einer räumlichen Perspektive aufzuzeigen und an aktuellen Beispielen zu exemplifizieren. Traditionell beschäftigt sich die Wirtschaftsgeographie mit Wirtschaftsräumen. Sie werden unternehmens- oder regionsbezogen als Absatzräume und/oder Bezugsräume, als lokalisierbare *supply*, *value* oder auch *production chains* mit Hilfe multiskalarer Ansätze (lokal-global, mikro-meso-makro) analysiert. Die jeweils besonderen lokalen Rahmenbedingungen werden über spezielle Ansätze thematisiert, die sich auf Externalitäten oder *„embeddness"* beziehen lassen, wie die Agglomerationstheorie, die Netzwerk- und Milieutheorien sowie letztlich auch die Clustertheorien (Kulke 2004). Im Vordergrund steht meist die sogenannte Realwirtschaft, während die Finanzwirtschaft als dienender Bestandteil angesehen wurde (Klagge 2009).

Erst in den Globalisierungsdebatten wurden die zunehmend grenzüberschreitend organisierten Produktions- und Absatzprozesse auch des Finanzsektors thematisiert, anfänglich aber nur aus einer sektorspezifischen Perspektive (Dienstleistung) (Dicken 2003; Schamp 2008). Erst mit den Auswirkungen der Finanzkrise 2007/08 veränderte sich der Fokus, und die Wirkungszusammenhänge zwischen Finanz- und Realwirtschaft rückten mehr in den Mittelpunkt nicht nur des fachwissenschaftlichen Interesses (Thomi & Oßenbrügge 2011). In Kontinuität dieser Diskussionen setzt sich der vorliegende Beitrag in räumlicher Perspektive mit ausgewählten Wirkungsmechanismen des Finanzsektors auseinander, besonders zu den Fragen des Währungsraumes und seiner externen Abhängigkeiten. Damit soll der Beitrag zu einem vertieften Verständnis um die besonderen Interdependenzen dieses Sektors und der von ihm ausgehenden raumrelevanten wirtschaftlichen aber auch gesellschaftlichen Wirkungsketten beitragen.

2. Der Währungsraum

Um die Besonderheiten des Finanzsektors besser fassen zu können, wird als räumliche Perspektive der Währungsraum gewählt, da der Sektor seine Wirkungsmechanismen über das Geld bzw. die Währungen entfaltet und der Währungsraum deshalb als sein eigentlicher Wirkungs- und Funktionsraum betrachtet werden kann. Obwohl sich der Währungsraum primär über die einheitliche Währung definiert, ist er in ein hochkomplexes Regulationssystem eingebunden, dessen Kern sicherlich die Finanzmarktregulationen betrifft. Diese stehen aber wiederum in enger Wechselwirkung und Beziehung zu den ökonomischen, rechtlichen, politischen und letztlich auch sozialen Regulationssystemen. Um ein vertieftes Verständnis dieses besonderen Raumes zu ermöglichen, werden zunächst die besonderen Eigenschaften seines zentralen Mediums, der Währung, sowie der zentralen Akteure beschrieben. Daran anschließend werden exemplarisch einige Wirkungsmechanismen innerhalb und zwischen Währungsräumen angesprochen.

2.1 Funktion und Eigenschaften der Währung

Geld wird heute im Alltag primär als Zahlungs- und Erwerbsmittel wahrgenommen. Dabei handelt es sich um ein nur im Währungsraum gültiges Anrecht auf Güter und Dienstleistungen, dem kein eigenständiger materieller Wert (Stoffwert) zukommt. Dieses wird erst beim Verlassen des Währungsraums bemerkbar. Innerhalb des Währungsraumes selbst nimmt das Geld die Rolle eines **allgemeinen Wertmaßstab**s oder auch einer Art **universelle**r **Wertausdrucksform** im Gültigkeitsbereich der Währung an. Diese Funktion ermöglicht die Transformation qualitativer Unterschiede von Waren in eine quantitative Relation und damit eine quantifizierbare Vergleichbarkeit unterschiedlicher Gegenstände (Geld als Rechenmittel). Durch diese „Monetarisierung" wird eine Standardisierung geschaffen, die wiederum Grundlage und Voraussetzung für ein weites Feld von Transaktionen insbesondere im Vermögensbereich bildet. Sie weist aber auch zivilisatorische Implikationen auf, da nun

---

Währung

Der etymologische Ursprung des Wortes Währung liegt im mittelhochdeutschen Substantiv *„Werunge"*, was so viel wie Gewährleistung bedeutete und sich auf ein Recht, ein Maß oder auch auf ein Münzgehalt bezog (Duden 1963: 207). Der Währungsraum definierte sich damit als Geltungsbereich, in dem ein spezifisches Münzsystem unter „Annahmezwang" (gemeinschaftliches und gesetzliches Zahlungsmittel) galt und gewährleistet wurde. Die Sammelbezeichnung für diese Münzen als Geld hat verschiedene etymologische Ursprünge. Im Lateinischen wird das Wort *pecunia* (Geld) auf *pecus* (Vieh) zurückgeführt und deutet damit auf einen sakralen Ursprung als Ersatz für das Opfertier hin (Brockhaus 1969). Im Indogermanischen stand *„ghel"* für Gold und im Althochdeutschen stand *„gelt"* für Vergeltung, Vergütung, Einkommen. Das angelsächsische *„geld"* stand für Opfer, Vergeltung und Zahlung, während das gotische *„gild"* für Steuern stand. Diese Beispiele deuten die sowohl sozialen, sakralen aber auch realwirtschaftlichen Entstehungszusammenhänge dessen an, was im heutigen Alltagsbewusstsein vordergründig als Zahlungsmittel wahrgenommen wird (Schnaas 2010b).

auch eine Quantifizierung von z.B. Schuldverhältnissen und damit verbundener innovativer Vertragsformen möglich wird. Gerade weil für Geld quasi fast alles gekauft werden kann, entsteht häufig der Eindruck eines eigenständigen Wertcharakters, obwohl es zunächst eigentlich nur ein gesellschaftlich anerkanntes aber auch gesetzlich abgesichertes Zahlungsmittel ist.[1] Für die Realwirtschaft ist diese Funktion als **Tausch- und Zahlungsmittel** allerdings außerordentlich bedeutsam, da es die in einer komplexen arbeitsteiligen Gesellschaft unzähligen Transaktionen von Unternehmen, Staat und Haushalten enorm effektiviert bzw. erst möglich macht.[2] Das hierfür notwendige Geld wird von der Notenbank bereitgestellt (gedruckt und geprägt) und über das Bankensystem in die Wirtschaft vermittelt. Die erforderlichen Geldmengen variieren natürlich mit den zur Verfügung stehenden Zahlungssystemen. So nimmt die im Zahlungsverkehr notwendige Menge des physischen Geldes mit den modernen Verrechnungssystemen wie Kreditkarten etc. insgesamt ab, da über die Verrechnungsfunktion kein unmittelbarer Austausch von physischem Geld mehr notwendig ist. Gleichzeitig erhöhen aber die Banken durch Kreditschöpfung die Menge des Buch-/Verrechnungsgeldes.[3]

Neben seiner Funktion als Tausch- und Zahlungsmittel ist die Funktion des Geldes als **Wertaufbewahrungsmittel** als nicht weniger bedeutsam einzustufen, erlaubt es doch die nicht materielle Lagerung von Überschüssen als Rücklagenbildung im Sinne einer Risikovorsorge oder Vermögens-/Schatzbildung. Die Geldform ermöglicht es, ohne Lagerungs- und Verfallsprobleme realer Güter, nicht konsumierte oder gesparte Überschüsse in zukünftige Ansprüche auf Güter und Dienstleistungen zu transformieren.[4] Aus der Geldfunktion als Wertaufbewahrungsmittel entspringt die mindestens ebenso bedeutsame **Funktion der Wertübertragung** (Transformation) in Form des Kredites, was dem Kreditnehmer in der Regel vorzeitigen Konsum, vorzeitige Investitionen oder aber die Tilgung einer fälligen Schuld erlaubt. Durch diese Möglichkeit erhält das Geld einen zusätzliche Nutzen oder seinen eigentlichen Wert (Preis). Der Nutzen einer Wertübertragung in Form der Geldverleihung ist dem Kreditnehmer etwas wert und dieser Wert des Geldes drückt sich im Zins aus. Hier könnte nun der Eindruck entstehen, das Geld selbst schaffe Wert. Aber es ist nicht das Geld selbst, sondern die gesellschaftlichen Verhältnisse und die damit verbundenen Nutzenkalküle der Akteure, die den Preis des Geldes (Zinsen) entstehen lassen. Sofern der Nutzen bzw. die Rendite aus einem Kredit einen problemlosen Schuldendienst ermöglicht, handelt es sich dabei durchaus um eine segensreiche Funktion

---

[1] Geld weist heute als sogenanntes „Fiatgeld" keinerlei Wertbezug mehr auf und erhält seinen Wert nur durch sein Monopol als gesetzlich legitimiertes Zahlungsmittel (Annahmezwang). Da keinerlei Einlöseverpflichtung (etwa durch Gold oder Silber) besteht, handelt es sich bei diesem Geld faktisch um einen Kredit (Schnaas 2010a).

[2] Die praktische Zahlungsfunktion des Geldes ist so bedeutsam, dass zum Beispiel in Somalia die alte Währung (Shilling) weiter benutzt wird, obwohl Notenbank und Staat nicht mehr existieren. Hier trägt lediglich die kollektive Gewissheit (*tacit consent*), für das Geld jederzeit wieder lokale Güter eintauschen zu können, zu seinem Fortbestand bei (Economist 2012a).

[3] Im Dezember 2011 betrug die Geldmenge M1 (Bargeldumlauf plus Sichteinlagen/Giro- und Tagegeldkonten der Banken) im Euroraum 4,78 Billionen €. Die Geldmenge M2 (M1 plus alle bis 2 Jahre fristigen sowie auch mit gesetzlicher Kündigungsfrist ausgestatteten Einlagen) lag bei 8,57 Billionen €. Die Geldmenge M3 (M1 plus M2 plus Schuldverschreibungen etc. bis zu 2 Jahren) lag bei 9,72 Billionen € (EZB 2012). Die von der Europäischen Zentralbank (EZB) geschaffene Geldmenge (Bargeldumlauf) betrug dabei nur 843 Mrd. €. Die übrigen 92 % der Geldmenge entstanden durch Kreditschöpfung der Banken (Häring 2011). Gegenwärtig muss eine europäische Bank als Mindestreserve 1 % des ausgelegten Kreditvolumens bei der EZB hinterlegen, d.h. sie schöpft aus 1.000 € ein Kreditvolumen von 100.000 €.

[4] Während in einer Naturalwirtschaft nicht verbrauchte Güter bestenfalls begrenzt eingelagert werden können, erlaubt das Geld eine unabhängige Lagerung in Form eines zukünftigen Anspruchs auf Güter (Übertragung). Der Schnittblumenverkäufer, der einen Teil seiner Ware nicht verkaufen kann, wird diese Restware nach kurzer Zeit nicht mehr absetzen können und er muss diese abschreiben. Gelingt ihm der Gesamtverkauf, so kann er das erhaltene Geld oder einen Teil davon quasi unbegrenzt lagern. Da Geld im Gegensatz zu materiellen Waren eine universelle Wertform darstellt, können die vergangenen Werte (z.B. Schnittblumen) in Ansprüche auf zukünftige Werte transformiert werden.

des Geldes, denn es wirkt in Form des Kredits als Wachstumsbeschleuniger, da Investitionen früher getätigt werden können.[5] In welchem Maße nun das Geld innerhalb des Währungsraumes seine vorteilhaften Wirkungen aber auch die damit verbunden Risiken entfalten kann, hängt in hohem Maße von den gesellschaftlichen Verhältnissen und deren regulierenden oder deregulierenden Gestaltungen ab. Infolge dieser augenscheinlichen Vorteile einer Währung kam es bereits frühzeitig zur Entstehung erster Münzen (ca. 640 v.Chr.), deren Geltungsbereiche zeitlich und räumlich begrenzter Natur waren. Erst mit der Bildung der Nationalstaaten im 18./19. Jh. wurden die Voraussetzungen zur relativ dauerhaften Entstehung von homogenen Währungsräumen auf den Territorien dieser Staaten geschaffen.

2.2 Zentrale Akteure und Regulationen des Währungsraumes

In der Regel schufen die Nationalstaaten eine Währung emittierende National- oder Notenbank und ein Monopol der Währung als gesetzliches Zahlungsmittel. In diesen nationalen Währungsräumen trug die jeweilige Währung im Zuge der Industrialisierung insbesondere in Deutschland in der zweiten Hälfte des 19. Jh. durch Reduktion von Transaktions- und Informationskosten, den handelsfördernden Wegfall von Kursrisiken und Zöllen sowie durch die Schaffung größerer Märkte in hohem Maße zum wirtschaftlichen Wachstum bei (zur deutschen Wirtschaftsgeschichte vgl. auch Kellenbenz 1981; North 2005). Die Berechtigung, bei der Notenbank Geld ausleihen zu können, wurde an eine entsprechende Banklizenz gebunden, deren Vergabebedingungen in Deutschland aktuell im Kreditwesengesetz festgelegt sind. Die Banken stellen die Kredite der Notenbank ihren Kunden gegen einen entsprechenden Zinsaufschlag zur Verfügung (Siedenbiedel 2012). Diese wiederum finanzieren im Idealfall davon Investitionen, deren Renditen höher ausfallen als die für die Geldbereitstellung zu zahlenden Zinsen. Solchermaßen gibt es für alle Akteure eine Win-win-Situation, in der die Kreditfinanzierung das wirtschaftliche Wachstum beschleunigt und dieses wiederum die Refinanzierung des Kredits ermöglicht.

Im Zuge dieses Wachstums entstehen nun Geldvermögen, d.h. nicht konsumierte Überschüsse, die der Bankensektor „einsammelt" und dafür Zinsen zahlt. Auch dieses Geld wird wieder dem Wirtschaftskreislauf zugeführt. Die Kapitalisierung der Unternehmen durch Aktien eröffnete ein weiteres Feld, in das Geldvermögen investiert werden konnten. In den USA führten die Gewinnaussichten an den Börsen zu Beginn des 20. Jh. u.a. durch kreditfinanzierte Aktienkäufe zum großen Börsencrash von 1929, der als Auslöser der nachfolgenden Weltwirtschaftskrise galt und zu strengen Regulierungen im Finanzsektor führten. Diese wurden erst in den 80er und 90er Jahren des 20. Jh. im Zuge der Deregulierung des Finanzsektors in den USA und später auch in Europa wieder aufgehoben. In Verbindung mit und in Abhängigkeit von diesen Ereignissen veränderten die Banken ihre traditionellen Geschäftsmodelle (Investmentbanking) und es entwickelten sich neben der traditionellen Vermögensberatung rasch neue Kapitalanlagegesellschaften (vgl. Abb. 1), die eine sich ebenso rasch vermehrende Anzahl von Finanzinnovationen mit einer rasant anwachsende Palette von Produkten zur Mehrung des Vermögens anboten. Börsennotierte Fonds, Zertifikate und eine Flut von Derivaten vervielfältigten die Anlage-

---

[5] Allerdings können bei unsachgemäßer Kreditvergabe auch erhebliche Risiken auftauchen (vgl. Subprime-Krise in den USA), deren weitere Verbriefung durch strukturierte Finanzprodukte zwar möglich ist, damit verbunden aber kumulative Wirkungen entstehen können, wie sie in der Finanzkrise 2007/08 beobachtet werden konnten. Auch die aktuelle Krise des Euros steht in engem Zusammenhang mit einer zu risikofreudigen Kreditvergabe in diesem Fall an Staaten, deren individuelle Zahlungsunfähigkeit bei der Kreditvergabe nicht ausreichend berücksichtigt wurde.

Währungsräume

möglichkeiten nicht nur professioneller, sondern auch privater Anleger.

Die Wertentwicklungen und Potenziale dieser neuen Produkte lösten einen regelrechten Hype aus, der die inhärenten Risiken dieser neuen Produkte in Vergessenheit geraten ließ. Der Umfang und die Intensität der über die Kapital-/Finanzmärkte vermittelten Transaktionen lösten sich rasch von den Entwicklungen der Realwirtschaft ab. So stiegen die privaten Geldvermögen in Deutschland zwischen 1991 und 2006 um 124 %, während das Bruttoinlandsprodukt (BIP) im gleichen Zeitraum nur um 52 % wuchs (Beckert & Deutschmann 2011).

Die Finanzkrise 2007/08 hat zum wiederholten Mal die immer wieder verdrängten Risiken der raschen Finanzmarktentwicklung sowie damit verbundene Spekulationen verdeutlicht. Sie erforderte staatliche Unterstützungsmaßnahmen in einem Umfang, der sich rasch zu einem neuen Finanzmarktrisiko entwickelte, dem der Staatsverschuldung. Diese hier nur sehr rudimentär skizzierten Entwicklungen unterstreichen zweierlei: Erstens die ungeheuren Potenziale der inhärenten Eigenschaft des Geldes, über den Zins Erträge zu erwirtschaften, deren direkte Rückkopplung zur Realwirtschaft mit zunehmender Entwicklung abnimmt und selbstreferenzielle

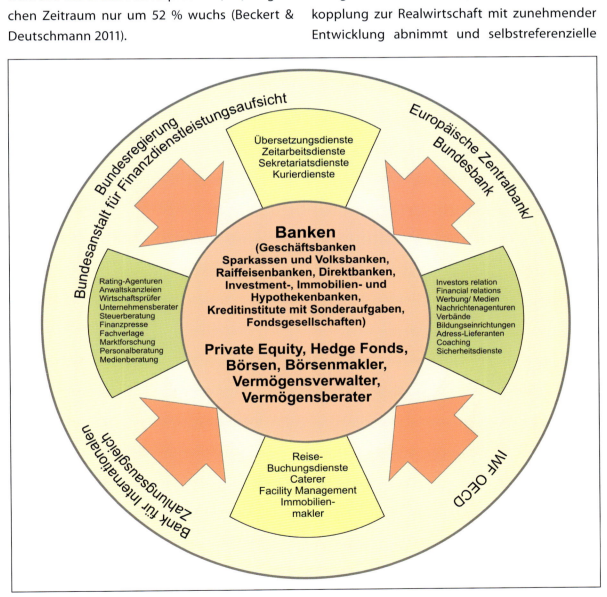

Abb. 1: Finanzsektorakteure und unterstützende Branchen
(Eigener Entwurf nach Schamp 2009, Grafik: E. Bischoff)

> **Übersicht der in Deutschland zulässigen derivativen Finanzinstrumente**
>
> **I. Absicherungsgeschäfte**
> **Aktivseite:** Kauf einer Verkaufsoption (Long Put), Verkauf von Futures, Zins-, Währungs- und kombinierte Zins-Währungs-Swaps, Kauf eines Floors, Verkauf eines Forward Rate Agreements, Kauf einer Option, um in einen Swap als Festzinsempfänger (Long-Receiver-Swaption) oder Festzinszahler (Long-Payer-Swaption) einzutreten, Tausch der Wertentwicklung einer Aktie gegen die eines Zinsträgers (Equity-Zins-Swap)
> **Passivseite:** Kauf einer Kaufoption (Long Call), Kauf von Futures, Währungs- und kombinierte Zins-Währungs-Swaps, Kauf von Caps
>
> **II. Erwerbsvorbereitungsgeschäfte**
> Kauf einer Kaufoption (Long Call), Kauf von Zins-, Aktien- oder Währungs-Futures, Verkauf einer Verkaufsoption (Short Put)
>
> **III. Ertragsvermehrungsgeschäfte**
> Verkauf von Kaufoptionen (Short Call), Zins-, Währungs- und kombinierte Zins-Währungs-Swaps, Verkauf einer Option, in einen Swap als Festzinsempfänger (Short-Receiver-Swaption) oder Festzinszahler (Short-Payer-Swaption) einzutreten, Tausch der Wertentwicklung einer Aktie gegen die einer anderen Aktie (Equity-Equity-Swap), Verkauf von Caps
>
> (BAV 2000)

Züge annimmt, was ganz wesentlich durch die Preisentwicklungen im Vermögensbereich und deren spekulative Dynamik getragen wird. Zweitens wird die immense Wichtigkeit der Regulation des Finanzsektors in einem Währungsraum verdeutlicht, denn ohne die Deregulation des Finanzsektors in den 80/90er Jahren des 20. Jh. wären die Exzesse der Finanzkrise 2007/08 nicht möglich gewesen, die nach Schätzungen des Internationalen Währungsfonds (*International Monetary Fund*, IMF) zwischen 2007 und 2010 weltweit Wertverluste in Höhe von ca. 2.300 Mrd. US-$ verursachten (IMF 2010).

2.3 Internes Wirkungsgefüge von Währungsräumen am Beispiel der Bundesrepublik Deutschland

Innerhalb des Währungsraumes wird der Wert von Dingen und Leistungen in der lokalen Währung ausgedrückt. Betrachtet man nun das BIP der Bundesrepublik im Jahre 2010 nach der Verteilungsrechnung, so erzeugte es in dieser Leistungsperiode ein Volkseinkommen in Höhe von 1,9 Billion €, das sich zu 66 % auf Arbeitnehmerentgelt und zu 34 % auf Unternehmens- und Vermögenseinkommen verteilte (Abb. 2). Mit anderen Worten wurden 2010 aus Unternehmens- und Vermögensaktivitäten 646 Mrd. € erwirtschaftet. Während die Arbeitnehmerentgelte in Höhe von 1.254 Mrd. € abzüglich der Sparquote (ca. 11 %) unmittelbar als Nachfrage wieder in den realwirtschaftlichen Kreislauf einflossen, besteht bei den Unternehmens- und Vermögenseinkommen Dispositionsbedarf, d.h. diese Mittel fließen nicht unmittelbar in die Wirtschaft zurück, sondern suchen sich über Anlage- und Investitionsstrategien – häufig durch Finanzdienstleister vermittelt – neue rentierliche Anlagemöglichkeiten. Das kumulierte Volksvermögen der privaten Haushalte belief sich im gleichen Zeitraum (2010) auf 10,1 Billionen €, wobei die Immobilien beim Sachvermögen (5,2 Billionen €) einen Anteil von ca. 75 % ausmachten. Erstaunlich hoch ist der Anteil des Geldvermö-

Währungsräume

gens (4,9 Billionen €), zu dem auch Aktien gerechnet werden, deren Anteil am Geldvermögen in Deutschland aber lediglich bei ca. 8 % liegt. Natürlich sind die Vermögenswerte und insbesondere die Geldvermögen (nicht nur die Aktien) dem Risiko von Preisschwankungen ausgesetzt, was in der letzten Finanzkrise eindrucksvoll beobachtbar wurde. Die Vermögen der privaten Haushalte müssen mit deren Verbindlichkeiten in Höhe von ca. 1,5 Billionen € saldiert werden, so dass von einem Nettogeldvermögen von ca. 3,4 Billionen € ausgegangen werden kann (Deutsche Bundesbank 2012a). Diese beachtlichen privaten Geldvermögen befinden sich natürlich stets auf der Suche nach rentierlichen Anlagemöglichkeiten und der Finanzsektor hat hier in den letzten Jahrzehnten Erhebliches geleistet, um mit immer neuen Produktinnovationen diese Mittel zu verwerten.

Betrachtet man nun die Situation der öffentlichen Haushalte, so stehen den privaten Geldvermögen 2010 allerdings Staatsschulden in Höhe von ca. 2,4 Billionen € gegenüber. Betrug die Staatsverschuldung pro Einwohner 1950 noch 49,7 €, so stieg diese bis zum Jahre 2010 auf 24.606 € an. 2010 musste der Bund allein 36,8 Mrd. € an Zinsausgaben aufbringen, was ca. 12 % der Gesamtausgaben entsprach (BMF 2011). Die zunehmende Verschuldung der öffentlichen Haushalte birgt das Risiko einer zunehmenden Mittelbindung für den Schuldendienst und damit eine Reduzierung der staatlichen Gestaltungsmöglichkeiten in zentralen Zukunftsfeldern der gesellschaftlichen Entwicklung. Da die Bundesrepublik zum Eurowährungsraum gehört, erscheint es an dieser Stelle notwendig, mittels eines kurzen Exkurses auf die Besonderheiten dieses Währungsraumes einzugehen.

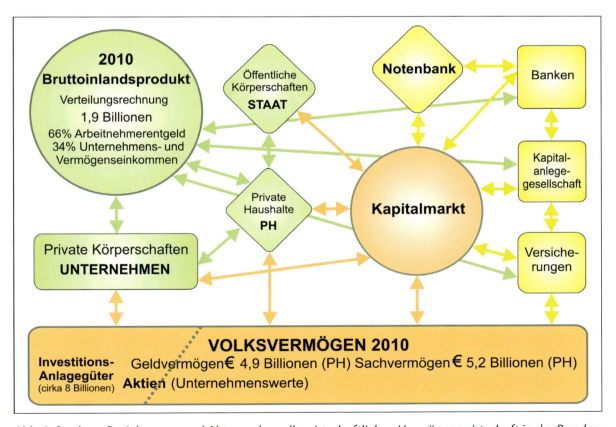

Abb. 2: Struktur, Beziehungen und Akteure der volkswirtschaftlichen Vermögenswirtschaft in der Bundesrepublik Deutschland 2010 (Daten des Stat. Bundesamtes und der Dt. Bundesbank, Grafik: E. Bischoff)

Exkurs: Der Euroraum

Im Kontext der Entwicklungen zur Europäischen Union wurde bereits 1972 ein Europäischer Wechselkursverbund (feste Wechselkurse) mit dem Ziel eingeführt, ein europäisches Währungssystem (1979) zu schaffen. In den Zusatzprotokollen zum Vertrag von Maastricht über die Europäische Union wurden 1992 weitere Einzelheiten einer Währungsunion geregelt. 1994 kam es zur Gründung des Europäischen Währungsinstituts als Vorgänger der am 1.1.1998 geschaffenen Europäischen Zentralbank (EZB). Am 1.1.1999 wurde der Euro als Buchgeld und am 1.1.2002 als Bargeld eingeführt. Als Beitrittskonditionen für den Währungsraum wurden vier Kriterien (EU-Konvergenzkriterien) formuliert:

1. **Preisstabilität:** Die Inflationsrate darf nicht mehr als 1,5 Prozentpunkte über derjenigen der drei preisstabilsten Mitgliedstaaten liegen.
2. **Stabilität der öffentlichen Haushalte:** Der staatliche Schuldenstand darf nicht mehr als 60 %, die jährliche Nettoneuverschuldung nicht mehr als 3 % des BIP ausmachen.
3. **Wechselkursstabilität**: Der Staat muss mindestens zwei Jahre lang ohne Abwertung am Wechselkursmechanismus II teilgenommen haben. Dabei darf die Währung des Landes nur in einer bestimmten Wechselkursbandbreite (meist 15 %) vom Eurokurs abweichen; bei größeren Abweichungen muss die Zentralbank des Landes intervenieren.
4. **Langfristige Zinssätze**: Der Zinssatz langfristiger Staatsanleihen darf nicht mehr als 2 Prozentpunkte über dem Durchschnitt der drei preisstabilsten Mitgliedstaaten liegen.

Die neue Europäische Zentralbank wurde als Notenbank politisch unabhängig eingerichtet und übernahm in Zusammenarbeit mit den nationalen Notenbanken die Geldversorgung des Währungsraumes mit dem primären Ziel, die Geldwertstabilität zu gewährleisten. Ohne nun weitere Einzelheiten des europäischen Vertragswerkes und seiner Ziele zu diskutieren, zeigten die Entwicklungen der nachfolgenden Jahre, dass insbesondere die Stabilitätskriterien der öffentlichen Haushalte großzügig interpretiert wurden. Während sich einerseits vor allem Deutschland als Exportnation mit einem Absatz von ca. 60 % der Exporte innerhalb des Euroraumes Vorteile durch den Wegfall der Wechselkursrisiken erhielt,[6] genossen andererseits insbesondere die mediterranen Mitgliedsländer die nun günstige Verfügbarkeit von Krediten, da sie Mitglied einer kreditfähigen Währungsunion waren. Banken und andere Investoren kauften gern die als sicher geltenden Staatsanleihen dieser Länder und finanzierten solchermaßen die Importüberschüsse und Haushaltsdefizite dieser Staaten. Unabhängig von der Subprime-Krise entwickelte sich durch Fehlverhalten (*moral hazard*) zentraler Akteure die bis heute andauernde Eurokrise, in der sich die Ausfallrisiken rascher entwickeln als die europäischen Akteure handeln können (Lachmann 2012).

Bei den gegenwärtigen Entwicklungen im Euroraum drängt sich die Frage auf, ob denn überhaupt die Voraussetzungen für eine gemeinsame Währung gegeben waren. Mit diesen Fragen setzte sich insbesondere auch die Theorie der optimalen Währungsräume auseinander. Mundells bahnbrechende Arbeit zur Frage der optimalen Währungsräume (*optimum currency areas*) verweist insbesondere auf die Notwendigkeit der Faktormobilität (Kapital und Arbeit), um auf externe Schocks reagieren zu können (Mundell 1961). Andere Autoren verweisen auf

---

[6] Durch den einheitlichen Währungsraum sind die Euromitgliedsländer der höheren deutschen Arbeitsproduktivität quasi schutzlos ausgeliefert, da der Abwertungsmechanismus nicht mehr zur Verfügung stand, um die höhere Arbeitsproduktivität auszugleichen.

die Bedeutung von Preis- und Lohnflexibilität (Friedman 1953; Kawai 1987), die Notwendigkeit der Finanzmarktintegration (Ingram 1962), den Grad der internationalen Integration/Offenheit (McKinnon 1963), den Diversifikationsgrad von Produktion und Konsumtion (Kenen 1969), die Bedeutung von Inflationsraten (Balassa 1964; Samuelson 1964; Fleming 1971) sowie auf die Notwendigkeiten einer fiskalischen (Kenen 1969) und politischen Integration (Mintz 1970; Tower & Willett 1976).[7] Insgesamt geht es bei diesen Diskussionen stets um die Wirkungen externer asymmetrischer Nachfrageschocks auf einen Währungsraum und die damit verbundene Option von flexiblen oder festen Wechselkursen. Flexible Wechselkurse erlauben den Ausgleich von unterschiedlichen Produktivitäten, Löhnen etc. über den Abwertungsmechanismus. Bei festen Wechselkursen oder einer einheitlichen Währung entfällt dieser Schutzmechanismus innerhalb des Währungsraumes und bevorteilt Regionen mit einer höheren Arbeitsproduktivität innerhalb des Raumes. Während die „Väter" des bundesdeutschen Grundgesetzes zur Minderung solcher strukturellen Ungleichheiten den Länderfinanzausgleich mit Transfersummen von aktuell (2010) ca. 7 Mrd. € innerhalb der Bundesrepublik schufen (Bundesrat 2011), waren derartige Konstruktionen innerhalb des Euroraumes nur indirekt über die Kohäsionsfonds[8] der EU vorgesehen. Hier deuten sich unzureichende Regulations- und Sanktionsmechanismen innerhalb des EU-Regelwerks an, die nun im Zuge der „Rettung" mühsam nachgeholt werden müssen.

Durch das fast schon normale Verhalten der Staaten, alte Schulden durch neue zu ersetzen (Umschuldungen), entsteht auch eine terminliche Dramaturgie, die immer wieder kurzfristige Insolvenzverschleppungen durch Bereitstellung neuer Kredite und Garantien erfordert, ohne längerfristige Lösungskonzepte zu entwickeln, was an den Finanzmärkten zu Spekulationen und Verunsicherungen führt, deren Konsequenzen das europäische Währungssystem zunehmend an den Rand seiner Belastbarkeit führen können. So haben sich neben den Fälligkeiten von Staatsschuldverschreibungen und dem resultierenden Refinanzierungsbedarf auch in dem innereuropäischen Zahlungssystem (Target II) mittlerweile Verbindlichkeiten der EZB gegenüber der Bundesbank als Zielbank in Höhe von ca. 500 Mrd. € aufgebaut (Sinn et al. 2011; Brackmann et al. 2012).

In ihrer Not hat die EZB längst den Pfad der Tugend verlassen und versucht nicht nur durch den eigentlich nicht erlaubten Kauf von Staatsanleihen der Mitgliedsländer (214 Mrd. €), sondern vor allem durch die Vermehrung der Geldmenge den sich abzeichnenden Kollaps des Währungsraumes zu verhindern. In zwei Tendern in Höhe von insgesamt 1.185 Mrd. € versorgte sie insbesondere die südeuropäischen Banken mit billigem Geld zu Sonderkonditionen (1 % Zinsen, 3 Jahre Laufzeit/reduzierte Sicherheitshinterlegung). Gedacht sind diese zunächst nur als Buchgeld existierenden Geldmengen zur Refinanzierung der Not leidenden Banken, die damit wiederum die Staatsanleihen ihrer Not leidenden Staaten finanzieren sollen. Schätzungen zufolge dürften das bislang 116 Mrd. € sein. Werden weitere 100 Mrd. € als Eigenbedarf der Banken für neue Eigenkapitalanforderungen und Kreditausfallrisiken berücksichtigt, so bleibt noch eine erhebliche Summe Anlagemöglichkeiten suchendes Geld übrig (vgl. 3.4.2) und damit die Angst vor inflationären Entwicklungen (Stocker 2012). Diese Kombination von Geldvermehrung und zunehmendem Risiko der Geldwertstabilität hat die schon mit dem Beginn der Finanzkrise 2007/08 zunehmende Flucht in die Sachwerte wie Aktien, Rohstoffe, Edelmetalle und Immobilien aber natürlich

---

[7] Zusammengestellt nach Mongelli (2002)
[8] Für die Kohäsionsländer sind aus diesem Fonds in den Jahren 2007 bis 2013 insgesamt 70 Mrd. € vorgesehen (BMWi 2012).

auch damit verbundene Finanztransaktionen beflügelt. Entsprechende Preisentwicklungen an den Aktien-, Rohstoff-, Immobilien- und Edelmetallmärkten legen davon Zeugnis ab. So stieg der Goldpreis von Ende 2006 500 US-$ auf Ende 2011 1.900 US-$ (+ 280 %) (Finanzen.net 2012a). Der deutsche Aktienindex DAX stieg vom 12.9.2011 5.072 Punkten auf 7.194 Punkt am 16.3.2011 (+ 41,8 %) (Finanzen.net 2012b). Die Immobilienpreissteigerung in Deutschland betrug 2011 + 5,5 % und lag damit deutlich über der Inflationsrate von 2,5 % (Deutsche Bundesbank 2012b). Hinter diesen Entwicklungen stehen keine relevanten Veränderungen der jeweiligen realwirtschaftlichen Substanz, sondern wie bei Vermögenswerten häufig, veränderte Erwartungshaltungen im Hinblick auf die Zukunft. Das Risiko der Geldwertstabilität löst bei den Sachwerten eine entsprechende Nachfrage und mit ihr entsprechende Preissteigerungen aus. Ob und wann diese Inflation im Vermögenssektor in der Realwirtschaft ankommen wird, hängt in hohem Maße von der Fähigkeit der EZB ab, die vermehrte Liquidität rechtzeitig wieder aus den Finanzmärkten ziehen zu können.

Das Sonderbeispiel des Eurowährungsraumes reflektiert die in den wissenschaftlichen Diskussionen um optimale Währungsräume angesprochenen Probleme von zu großer Heterogenität oder fehlender Homogenität in Echtzeitdimensionen. Es zeigt aber auch indirekt die Bedeutungen nationaler Währungen im Kontext von regionaler Wettbewerbsfähigkeit. Vor Einführung des Euro konnten sich weniger wettbewerbsfähige Regionen in Europa vor der Konkurrenz durch Abwertungen schützen. Im einheitlichen Währungsraum steht dieser Mechanismus nicht mehr zur Verfügung. Betrachtet man die Entwicklung der Lohnstückkosten im Euroraum zwischen 2000 (Index = 100) und 2010, so steht Deutschland 2010 bei einem Indexwert von knapp 105, während die Werte anderer Mitgliedsländer wie Frankreich (118), Griechenland (131), Italien (133) und Portugal (133) deutlich höher ausfielen (Niechoj et al. 2011). In der Konsequenz verbesserte sich die Wettbewerbssituation der deutschen Exportindustrie innerhalb der Eurozone enorm und es sind nicht zuletzt auch die Euroländer, die zum aktuellen Exportboom der deutschen Wirtschaft erheblich beitragen. Nun sind diese Länder aber ihres traditionell stärksten Abwehrmittels – der Abwertung – beraubt. Als Äquivalent zur Abwertung müssten problematische Staaten ihr Preisniveau um 30 % (Griechenland) bis 35 % (Portugal) absenken (Sinn 2012). Die gleichzeitig infolge der billigen Kredite erfolgte zunehmende Defizitfinanzierung einiger dieser Staaten hat mittlerweile ein Ausmaß erreicht, dass die dadurch notwendig gewordenen Spar- bzw. Sanierungsprogramme zunehmend an sozialer Akzeptanz verlieren und die politischen Eliten unter erheblichen Druck geraten.

Insgesamt zeigen die Entwicklungen des europäischen Währungsraumes die Bedeutung der Interdependenzen zwischen Währungs-, Fiskal-, Rechts- und Staatsräumen. Die Errichtung eines einheitlichen Währungsraumes mit uneinheitlich regulierten Rechts-, Fiskal- und Staatsräumen eröffnet den verschiedenen Akteuren (Staaten, Banken, Unternehmen, Haushalten) individuelle Handlungsspielräume, die den normativen Werten des Währungsraumes (Maastricht-Kriterien) widersprechen und deren Konsequenzen das Währungsgefüge sprengen könnten. Sie zeigen aber auch, wie über Währungsmechanismen realwirtschaftliche Prozesse durchaus stimuliert oder aber auch rezessiv beeinflusst werden können. Was für den europäischen Währungsraum im Innern gilt, lässt sich natürlich auch auf das Wirkungsgefüge zwischen Währungsräumen übertragen.

Währungsräume

3. Externes Wirkungsgefüge von Währungsräumen – Internationale Finanzmärkte

Neben den internen Wirkungsmechanismen des Geldes innerhalb seines Geltungsbereiches (Währungsraumes) entsteht mit dem grenzüberschreitenden Handel sowie auch der grenzüberschreitenden räumlichen Organisation von Wertschöpfungsketten die Notwendigkeit des Austausches von unterschiedlichen Währungen. Grundsätzlich löst jede verfügungsrechtliche Bewegung (Kauf oder Verkauf) von Gütern und Dienstleistungen einen entsprechend gegenläufigen monetären Prozess aus. Exporte ins Ausland werden zunächst einmal in der heimatlichen Währung A fakturiert und das exportierende Unternehmen möchte nach dem Verkauf der Waren im Ausland die dort erhaltene Währung B in seine Heimatwährung konvertieren. Also löst der realwirtschaftliche Export eine entsprechende Nachfrage nach der Währung A des Exporteurs aus, um die Ware bezahlen zu können. Umgekehrt verhält es sich bei den Importen.

Theoretisch ergibt sich der Wechselkurs einer Währung aus der entsprechenden Nachfrage nach dieser.[9] Mit diesen zunächst realwirtschaftlich begründeten Nachfragen nach Fremdwährungen konstituieren sich die Währungsmärkte.

3.1 Währungsmärkte (Currency Trade)

Entsprechend der Grundnachfrage im Zuge der Finanzierung von realwirtschaftlichen Export- und Importleistungen müssten die Umsätze an den Devisenmärkten in etwa dem zweifachen der Umsätze des internationalen Handels entsprechen. Betrachtet man aber allein die durchschnittlichen Tagesumsätze im April 1995 und 2010, so wird – neben dem durchschnittlichen jährlichen Wachstum der Märkte in diesem Zeitraum von 7,8 % – vor allem die unglaubliche Höhe allein der mittleren Tagesumsätze an den Devisenmärkten im April 2010 mit ca. 5 Billionen US-$ deutlich.

Land	Umsätze 1995 Mrd. US-$	%	Umsätze 2010 Mrd. US-$	%	Wachstum % p.a.
Großbritannien	478,8	29,3	1853,6	37,6	9,4
USA	265,8	16,3	904,4	17,6	8,5
Japan	167,7	10,3	312,3	6,2	4,2
Singapur	107,3	6,6	266,0	5,3	6,2
Schweiz	88,4	5,4	262,6	5,2	7,5
Hongkong	90,9	5,6	237,6	4,7	6,6
Australien	40,5	2,5	192,1	3,8	10,9
Andere (47)	393,3	24,0	1027,8	20,2	6,6
Gesamt	**1632,7**	**100,0**	**5056,4**	**100,0**	**7,8**

Tab. 1: Geographische Verteilung der Devisenumsätze an den globalen Währungsmärkten – Mittlere Tagesumsätze im April in Mrd. US-$ (Bank of International Settlement 2010)

---

[9] Es wird unterschieden nach nominellen Wechselkursen (Angebot und Nachfrage der Währungen), nach realen Wechselkursen (Berücksichtigung der Kaufkraftparitäten) und effektiven Wechselkursen (gewichtete Mittel verschiedener Wechselkurse auf Basis der jeweiligen Handelsvoluminia, *trade-weighted exchange rates*). In der Wechselkurstheorie als Teil der monetären Außenwirtschaftstheorie werden die Wechselkurse als Relation zwischen den Geldangeboten im In- und Ausland, durch die realen Outputs sowie durch die Nominalzinsdifferenzen erklärt (Gabler 1997).

Damit entsprach der mittlere Tagesumsatz an den Devisenbörsen im April 2010 ca. 8 % des BIP der Welt im Jahre 2010 (World Bank 2012). Mit anderen Worten: innerhalb von 12,5 Tagen wurden an den Devisenmärkten Werte umgeschlagen, die dem über das ganze Jahr 2010 erwirtschafteten Wert der weltweit erzeugten Güter und Dienstleistungen entsprach. Vergleicht man den mittleren Tagesdevisenumsatzwert mit dem Wert aller grenzüberschreitend gehandelten Güter (ca. 15 Billionen US-$) (United Nations 2010), so reichen drei Tagesumsätze der Devisenmärkte, um einen entsprechenden Wert umzusetzen.

Offensichtlich muss es Gründe für derartig hohe Umsätze geben. Interessant an Tab. 1 ist zusätzlich, dass London seine führende Stellung innerhalb der globalen Devisenmärkte mit einem relativen Umsatzanteil von 29,3 % (1995) auf 36,7 % (2010) stark ausbauen konnte, während mit Ausnahme der USA alle anderen Handelsplätze an relativer Bedeutung verloren haben. Dies überrascht insofern, als dass nach wie vor der größte Teil der Exportgeschäfte in Dollar fakturiert wird. Zwar zeigt Abb. 3 einen relativen Bedeutungsverlust des Dollaranteils an den Währungsumsätzen von 86,8 % (1998) auf 84,9 % (2010), bestätigt aber auch seine noch anhaltende Dominanz. Diese Vorrangstellung hat ebenso wie Londons Dominanz als Währungsmarkt historische Gründe. Um die Ursachen der Weltwirtschaftskrise zu Beginn der 30er Jahre des letzten Jahrhunderts zu überwinden, schufen die USA mit dem Bretton Woods-Abkommen verbesserte Grundlagen zur Abwicklung des Welthandels und garantierten die Konvertibilität des Dollars in Gold, wodurch der Dollar sich als internationales Zahlungsmittel durchsetzen konnte. Selbst als die USA die Konvertierbarkeit in Gold 1972 widerrufen mussten, blieb die dominante Rolle des Dollars aus Mangel an Alternativen bestehen.

Um nun die außerordentlich hohen Umsätze an den Devisenmärkten zu klären, ist es notwendig, auf die Herausbildung der Wechselkurse einzugehen. Zunächst einmal ergeben sich die Wechselkurse, soweit sie nicht staatlich fixiert werden, durch Angebot und Nachfrage als Preis der jeweiligen Währungen. Abb. 4 zeigt die Entwicklung der nominellen Wechselkurse des Euro zu weltwirtschaftlich wichtigen Währungen. Ohne diese Entwicklungen selbst zu kommentieren, ergeben sich durch die Wechselkursschwankungen für international ausgerichtete realwirtschaftliche Akteure spezifische, zum Teil erhebliche Probleme. Zum Beispiel ist die

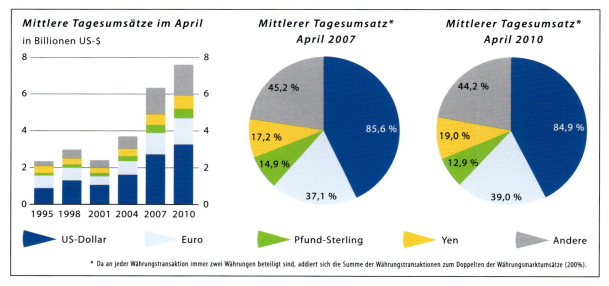

Abb. 3: Gemeldete Umsätze der Devisenmärkte 2007 und 2010 (Bank of International Settlement 2010)

Währungsräume

Airbusproduktion im Euroraum den Risiken der Kursentwicklung gegenüber dem Dollar extrem ausgesetzt, weil der Flugzeugverkauf in Dollar fakturiert wird. Der Airbus A320 kostet gegenwärtig ca. 85 Mio. US-$ (Flugrevue.de 2011). Steigt nun der Eurokurs zwischen Verkaufsabschluss und Bezahlung um 10 Eurocent (1 US-$ = 1,30 € / 1 US-$ = 1,40 €), so erhält der Konzern durch die Wechselkursveränderung statt 65,38 Mio. € nur noch 60,71 Mio. €, also 4,67 Mio. € weniger. Zu Zeiten des schwachen Dollars 2007 bezifferte der EADS-Konzern die Höhe der Auswirkung eines um 10 Eurocent fallenden Dollars auf den Konzerngewinn auf ca. eine halbe Milliarde Euro (Flottau 2007). Um nun das Risiko von Wechselkursveränderungen zu reduzieren, können die Unternehmen sich gegen Kursschwankungen durch *hedging* von Fremdwährungspositionen oder ähnlichen Devisenkursabsicherungsgeschäften wappnen. Mit Hilfe von sogenannten *futures* kann sich ein Unternehmen wie Airbus einen festen Wechselkurs zum Zeitpunkt der Bezahlung sichern, indem es *futures* im Gegenwert des Preises an der Börse verkauft. In diesem Fall handelt es sich um einen Leerverkauf (*short position*), da der reale Zahlungsvorgang noch nicht eingetreten ist. Nun lassen sich mit solchen *futures* und Optionen natürlich nicht nur Kursabsicherungsgeschäfte machen, sondern es lässt sich damit mindestens ebenso gewinnbringend spekulieren. In der Tat ist ein Großteil der Geschäfte an den Devisenmärkten spekulativer Natur und birgt entsprechende Risiken. Hinzu kommt der eigentliche Währungshandel, bei dem die moderne Kommunikationstechnologie auch kleinere tägliche Kursschwankungen nutzen kann, um durch entsprechend große Transfers substanzielle Kursgewinne erzielen zu können.

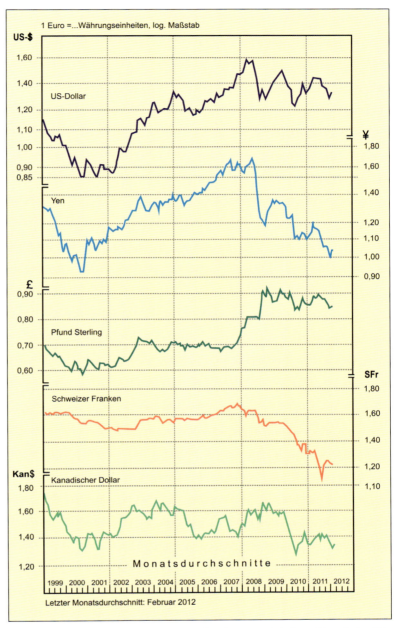

Abb. 4: Entwicklung der Euro-Wechselkurse wichtiger Handelswährungen 1999-2012 (Deutsche Bundesbank, Devisenkursstatistik März 2012, Stat. Beiheft 5 z. Monatsbericht, Grafik: E. Bischoff)

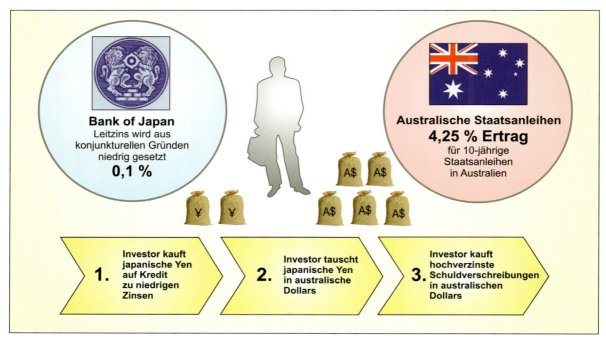

Abb. 5: Currency Carry Trade (AustralienGovernmentBonds.com 2012; Leitzinsen.info 2012, Grafik: E. Bischoff)

3.2 Currency Carry Trade

Ein weiteres wichtiges Moment der Währungsumsätze sind die sogenannten *currency carry trades*, die unterschiedliche nationale Zinssätze und Währungsrelationen ausnutzen, um entsprechende Gewinnmargen allein auf Basis von Transaktionen zu erzielen.

Ein Investor sucht sich eine Währung, deren Zinsen innerhalb des Währungsraums meist aus Gründen der konjunkturellen Stimulation sehr niedrig sind (z.B. Yen, Dollar oder Euro) und nimmt in dieser Währung einen Kredit auf. Nun sucht er eine zweite Währung, in deren Währungsraum die Zinsen meist zur Inflationsdämpfung sehr hoch sind. Wenn sich nun eine europäische Bank bei der EZB Geld für 1 % Zinsen ausleiht, davon 10 Mio. € in australische Dollar tauscht (Kurs 1 € = 1,26 A-$) und diese dann in australische Staatsanleihen (10-jährige Anleihen / 4,25 %) anlegt, so ergibt sich unter sonst gleichen/konstanten Bedingungen ein Nettozinsgewinn von 325.000 € pro Jahr (535.500 A-$ = 425.000 € - 100.000 € für EZB). Auf- und Abwertungen können den Gewinn während der Kontraktlaufzeiten erheblich beeinflussen. Das Schema in Abb. 5 zeigt das Beispiel mit der japanischen Währung, die noch niedriger verzinst wird und sich deshalb für *currency carry trades* besonders eignet. Auf diese Grundfigur lassen sich nun wiederum Derivate aufsetzen, um zum Beispiel Kursabsicherungen zu betreiben. Das Volumen der *carry trades* ist je nach Situation erheblich und beeinflusst auch die Wechselkurse der betroffenen Länder. So ließ sich der in den letzten Jahren relativ starke Wechselkurs des japanischen Yen weniger aus den volkswirtschaftlichen Fundamentaldaten als vielmehr aus der durch den *carry trade* ausgelösten Nachfrage nach Yen erklären (vgl. Brunnermeier et al. 2009). Für die Realwirtschaft bedeuten diese über Finanztransaktionen ausgelösten höheren Wechselkurse eine Verschlechterung der internationalen Wettbewerbsfähigkeit, da japanische Waren im Ausland relativ teuer blieben bzw. wurden. So verzeichnete Japan 2011 zum ersten Mal seit 1963 ein Handelsdefizit (Economist 2012b). Ein im Resultat ähnliches Phänomen, aber mit anderen Ursachen, zeigt der nachfolgende, oft als „holländische Krankheit" bezeichnete Wirkungsmechanismus der Währungsmärkte, der sich ebenfalls über Wechselkursveränderungen und ihre volkswirtschaftlichen Auswirkungen in den betroffenen Währungsräumen zeigt.

3.3 Dutch Disease

Dieses erst einmal als Folge der starken Erdgasexporte der Niederlande in den 60er Jahren beobachtete Phänomen beschreibt, wie eine eigentlich prosperierende Wirtschaft über die Wechselkursentwicklungen und die daraus resultierenden Wirkungen im Währungsraum in eine realwirtschaftliche Krise geraten kann. Infolge der hohen Rohstoffexporte stieg die Nachfrage nach holländischem Geld, was zu einer Aufwertung der Währung führte. Diese Aufwertung verteuerte die Exporte des Landes, was seine internationale Wettbewerbsfähigkeit insbesondere im Verarbeitenden Gewerbe gefährdete. Gleichzeitig wurden durch die Aufwertung die Importe billiger, wodurch die einheimische Wirtschaft auf den lokalen Märkten zunehmend unter Konkurrenzdruck der billigen Importe geriet. Zwar entsteht für alle Exportnationen bei übermäßigem Export tendenziell ein Aufwertungsdruck auf die eigene Währung und damit eine Gefährdung der Wettbewerbsposition, jedoch scheinen diese Wirkungen bei Rohstoffexporten besonders gravierend, so dass in diesem Zusammenhang auch von einem „Ressourcenfluch" (Auty 1993) gesprochen wird. Jüngere Untersuchungen bestätigen diese Zusammenhänge am Beispiel der erdölexportierenden Staaten, demzufolge steigende Erdöleinnahmen um 10 % einen Rückgang der Industrieproduktion um 3,6 % verursachten (Ismail 2010). Andere Autoren verweisen allerdings auf Einzelumstände, aber auch auf bestehende Handlungsoptionen (Ploeg 2011). Da es hier nicht um die vielfältigen Implikationen des Ressourcenfluchs geht, sondern um die Darstellung einer über Wechselkursveränderungen vermittelten Beeinflussung der Realwirtschaft durch den Finanzsektor, sei die Diskussion an dieser Stelle nicht weitergeführt. Während am Beispiel der „holländisches Krankheit" die Wirkungsmächtigkeit der Wechselkurse vor allem im Hinblick auf die binnenwirtschaftliche Situation und damit verbundener Phänomene gezeigt werden kann, vermitteln die nachfolgenden Beispiele die Bedeutung der Wechselkurse für die internationale Wettbewerbsfähigkeit von Volkswirtschaften und der diese tragenden Währungsräume.

3.4 Currency Wars

Der Begriff Währungskrieg tauchte 2010 verstärkt in der internationalen Presse auf. Dabei handelte es sich im Wesentlichen um zwei Diskurse, die im Nachfolgenden kurz charakterisiert werden sollen.

3.4.1 Unterbewertung als Exportförderungsstrategie

Im Grundmechanismus, also unter sonst gleichen Bedingungen, löst der Export eine Nachfrage nach der Währung A des Exportlandes A aus, da letztlich in dieser innerhalb des Währungsraumes A fakturiert wird. Umgekehrt löst ein Import in den Währungsraum A eine Nachfrage nach der Währung B des Herkunftslandes aus. Auf dieser Basis bilden sich die relativen Preise der Währungen A und B und der daraus resultierende Wechselkurs. Bei ausgeglichenen Handelsbilanzen bleibt der Wechselkurs stabil. Exportiert nun der Währungsraum A mehr als er importiert, so steigt die Nachfrage nach seiner Währung A entsprechend stärker und damit ihr relativer Preis, ausgedrückt in Währung B. Das heißt, es wird relativ mehr Währung B für die Währung A bezahlt. Währung A wird also faktisch im Währungsraum B aufgewertet bzw. Währung B wird abgewertet. In der Konsequenz werden Waren aus A im Währungsraum B damit teurer (es muss mehr Währung B dafür bezahlt

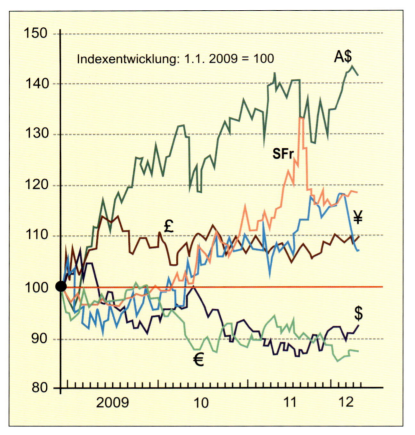

Abb. 6: Entwicklung der effektiven Wechselkurse (Trade Weighted Exchange Rates) wichtiger Währungen 2009-2011 (Economist 2012d, Grafik: E. Bischoff)

werden). Umgekehrt verhält es sich im Währungsraum A mit den Waren aus Währungsraum B, sie werden dort billiger. Betrachtet man die auf dieser Basis gebildeten Wechselkurse, so zeigen sich in der aktuellen Entwicklung dieser Kurse ein deutlicher Wertverlust des US-Dollars ($) und des Euro (€) relativ zu anderen Währungen, was auch mit der aktuellen Schwäche beider Währungen in Zusammenhang steht. Der Höhenflug des Australischen Dollars (A$) erklärt sich aus den anhaltenden Rohstoffexporten nach China, während sich die bis 2011 reichende Steigerung des Schweizer Franken (SFr) durch die infolge der Finanzkrise 2007/8 gesteigerte Nachfrage nach sicherem Geld erklärt. Die Schweizer Nationalbank interveniert 2011 durch Frankenverkäufe, um den Kurs zu stabilisieren und um damit die Schweizer Exportwirtschaft international weiterhin konkurrenzfähig zu halten.

Eine Abwertung oder im Schweizer Fall verhinderte Aufwertung stimuliert also den Export der Realwirtschaft, während eine Aufwertung diesen zunehmend behindert. Es liegt nahe, dass dieser Mechanismus dort, wo die Wechselkurse sich nicht über den Markt bilden, sondern staatlich festgelegt werden, als ein Instrument zur Förderung der Absatzchancen der eigenen Exportwirtschaft genutzt wird. Ein anhaltend aktuelles Beispiel ist China, das Vorwürfen der USA zufolge seine Währung Yuan (Renminbi) gegenüber dem Dollar um 20-30 % unterbewertet und solchermaßen seine Exportwirtschaft unterstützt, die riesige Außenhandelsüberschüsse erzielt. Auch das Bundesministerium der Finanzen (BMF) sieht eine Unterbewertung des Yuan um 27 %, des koreanischen Won um 20 %, des brasilianischen Real um bis zu 23 % und des argentinischen Peso um 37 %. Umgekehrt sind Dollar und Euro um 13 % überbewertet. Schätzungen zufolge manipulieren mehr als die Hälfte der Exportländer ihre Wechselkurse in der einen oder anderen Weise (Handelsblatt, 06.10.2010: 6 f).

Aber die Wechselkurse werden natürlich nicht nur vom Außenhandel beeinflusst und häufig von Staaten zur Verbesserung der internationalen Wettbewerbsposition der eigenen Realwirtschaft instrumentalisiert, sondern auch der Währungshandel selbst beeinflusst aufgrund der spekulativen Potenziale des internationalen Währungsmarktes die Wechselkurse.

3.4.2 Aufwertungsdruck durch vagabundierendes billiges Geld

Während die USA als Folge der Finanzkrise 2007/08 und der zunehmenden Haushaltsverschuldung bereits frühzeitig mit ihrer Geldpolitik des *„quantitative easing"* (Geldmengenvermehrung) durch „Drucken" billigen Geldes (niedrigen Zinsen) die Hoffnung auf konjunkturelle Anreize verbanden, hat sich die EZB erst 2011/12 als Folge der anhaltenden Eurokrise zu einer ähnlichen Politik entschlossen und „pumpte" 1,13 Billion € in Form von 3-Jahreskrediten zu 1 % Zinsen in den europäischen Bankensektor. Obwohl davon ca. 1/3 für die eigene Rekapitalisierung (Mindestreserve etc.) benötigt werden und weitere ca. 116 Mrd. zum Aufkauf von europäischen Staatsanleihen Verwendung finden, so bleiben doch ca. 700 Mrd. an Überschussliquidität im System (Stocker 2012). Dieses in den Bankensektor gelangte Geld sucht nun nach entsprechenden Anlagen. Ebenso wie der billige Dollar einen Anreiz zum *currency carry trade* bot, verhält es sich auch mit den billigen Eurogeldern. Sicherlich floss auch hier neben den Staatspapieren ein Teil in den Aktienkauf und beflügelte die Aktienkurse, aber es bleiben erhebliche Mittel für weitere Anlagen insbesondere auf den internationalen Finanzmärkten. Diese signalisierten vor allem in den sogenannten *emerging economies* (Schwellenländer) Gewinn verheißende Anlagemöglichkeiten. Es ist deshalb nicht überraschend, dass diese Länder seit einigen Jahren einen Zustrom des billigen Geldes aus den Industrienationen verzeichnen.

So steigerte sich 2010 die Kreditvergabe ausländischer Banken in Lateinamerika um 9,8 % und in Asien um 8 %. Allein in Indien wurden 34 neue ausländische Institute u.a. von der Deutschen Bank gegründet (Detering & Hauschild 2011: 34). Die durch die lockere Geldpolitik der westlichen Notenbanken ausgelösten massiven Kapitalströme führen zu steigenden Wechselkursen und entsprechenden Problemen der nationalen Realwirtschaften. Brasiliens Währung wurde gegenüber dem Dollar 2009 um ca. 1/3 aufgewertet und 2010 nochmals um 4,6 % (Osman & Menzel 2011: 32), was die internationale Wettbewerbssituation der brasilianischen Wirtschaft dementsprechend verschlechterte. Zusätzlich versuchte das Land durch die Anhebung der Steuer für ausländische Investoren auf den Kauf brasilianischer Anleihen von 2 auf 4 % den Druck auf die Währung zu mildern. Brasilien benutzte denn auch schon vor ca. drei Jahren den Terminus Währungskrieg, um auf die negativen binnenwirtschaftlichen Folgen der nordamerikanischen Geldpolitik mit ihren Niedrigzinsen aufmerksam zu machen (Dolan 2012). Binnenwirtschaftlich kann eine Art Teufelskreislauf entstehen: Um die auch konjunkturbedingte Inflation zu bekämpfen, muss das Geld verteuert werden, also die Zinsen angehoben werden. Diese Zinsanhebungen erhöhen die Attraktivität der Währung für Fremdanleger und damit den Zustrom Anlage suchenden Geldes, was tendenziell wiederum die Inflation befeuert. Brasiliens Politik der zusätzlichen Besteuerung von ausländischem Anlagekapital zeigte indes Wirkung. Seit Mitte 2011 wertete der Real gegenüber dem Dollar um 17 % ab und die Notenbank konnte den Leitzins von 12,5 % auf 11 % absenken, da die Inflation auf einen Jahrzehnttiefstand von 6,5 % sank (Economist 2012c). Das Beispiel Brasiliens verdeutlicht die über die Finanzmärkte vermittelten externen Risiken für die eigene Wirtschaftsentwicklung und zeigt auch die globale Wirkungskette der billigen Geldpolitik und Geldmengenvermehrung der führenden Industrienationen.

4. Zusammenfassende Schlussdiskussion

Mit der Innovation des Geldes entstand ein von den unmittelbaren Gebrauchsgegenständen losgelöstes abstraktes Zahlungsmittel von höchstem Nutzen und vielfältigen Wirkungsmöglichkeiten. Damit das Geld seine ökonomischen und zivilisatorischen Wirkungen entfalten konnte, bedurfte es allerdings komplexer co-evolutionärer Prozesse, die eine Realisierung ganzer Sets gesellschaftlicher Innovationen erforderten. So lässt sich in der historischen Betrachtung das Entstehen und Untergehen einer Vielzahl von regional unterschiedlich begrenzten Währungen belegen. Erst mit den gesellschaftlichen Strukturveränderungen der Neuzeit wurden die Voraussetzungen breitenwirksam und nachhaltig geschaffen, die dem Geld innewohnenden Wirkungsmechanismen gesellschaftliche Gestaltungskraft verliehen. Nationalstaaten und Notenbanken schufen die notwendigen homogenen Währungsräume, in denen das Geld über die Wertaufbewahrungs- und Wertübertragungsfunktion das realwirtschaftliche Wachstum enorm beschleunigen konnte. Kredite ermöglichten vorzeitige Investitionen, die wiederum das Wirtschaftswachstum verstärken und eine problemlose Tilgung erlaubten. Im Zuge der Industrialisierung trat eine Monetarisierung vieler Lebensbereiche ein, und insbesondere der bis dahin ganz wesentlich aus Eigentumsrechten in Bezug auf Ernteerträge, Grundbesitz und Edelmetallschätzen bestehende Vermögenssektor erfuhr eine dramatische Transformation, in deren Verlauf neue Vermögensformen wie z.B. Aktien, vor allem aber das Geld selbst zur Vermögensanlage wurde. Parallel entwickelte sich aus dem engeren Bankensektor insbesondere in der zweiten Hälfte des 20. Jh. rasch ein differenzierter Finanzsektor, der mit immer neuen Finanzinnovation versuchte, für die größer werdenden Vermögensbestände Gewinn verheißende Anlagemöglichkeiten zu entwickeln. So „mutierte" der in seinen Ursprüngen der Realwirtschaft dienende Finanzsektor, besonders verstärkt durch die neoliberalen Finanzsektorreformen in den 80er und 90er Jahren des 20. Jh., rasch zu einem die Dimensionen der Realwirtschaft weit hinter sich lassenden Sektor. Während die Weltwirtschaft ihr Ergebnis (BIP) zwischen 1990 (22 Billionen US-$) und 2010 (63 Billionen US-$) knapp verdreifachen konnte, explodierten die Umsätze von Aktien und Bonds von 9 Billionen US-$ auf 87 Billionen und wuchs das von den neuen Hedge-Fonds verwaltete Vermögen im gleichen Zeitraum von 38,9 Mrd. US-$ auf 1,92 Billionen US-$ an. Auch der Wert der außerbörslich gehandelten Derivate steigerte sich im gleichen Zeitraum von 2 Billionen US-$ auf 601 Billionen US-$ (Handelsblatt, 21.10.2011) und die Umsätze an den Währungsmärkten betrugen 2010 das 15-fache des Weltinlandproduktes. Diese Zahlen belegen eindrucksvoll, in welchem Maße sich die Entwicklung der Finanzmärkte beschleunigte und die Realwirtschaft hinter sich ließ. Neben den globalen Umsätzen der Finanzmärkte zeigt Abb. 7, dass dem globalen Geldvermögen in Höhe von ca. 123,9 Billionen US-$ im Jahre 2010 Schulden von 95 Billionen US-$ gegenüberstehen. Mit anderen Worten sind bereits 77 % dieses Vermögens in Form von Schulden gebunden.

Durch die Perspektive des Währungsraumes konnten weiterhin die innergesellschaftlichen Wirkungszusammenhänge des Geldes in seiner Abhängigkeit vom regulatorischen Kontext diskutiert und die damit verbundenen Risiken und Stärken thematisiert werden. Das europäische Beispiel eines staatlich heterogenen Währungsraumes zeigt die damit verbundenen internen Steuerungsrisiken sowie resultierende Fehlentwicklungen. Im Euroraum sind neue Wirkungsketten zwischen Realwirtschaft, Politik und Finanzwirtschaft entstanden, die in einigen

Währungsräume

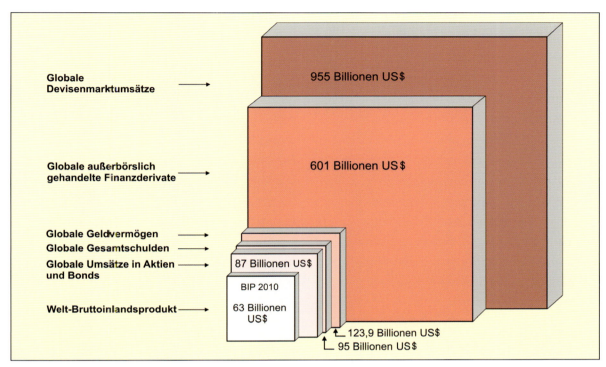

Abb. 7: Weltwirtschaftliche Finanz- und Vermögenssektordaten 2010 (Handelsblatt 204/2.10.2011; Allianz AG 2011, Grafik: E. Bischoff)

Staaten die Legitimationsbasis der politischen Klassen in Frage stellen, sich aber auch zu einer zunehmend schwerer steuerbaren Belastung für das Gesamtsystem entwickelt haben. Das historische Experiment des Euroraumes steht nach wie vor in einer Bewährungsprobe, deren Ausgang offen scheint.

Der Blick auf die Beziehungen und Wechselwirkungen zwischen Währungsräumen unterstreicht die Bedeutung der Wechselkurse für die internationale Wettbewerbsfähigkeit von Währungsräumen. Während innerhalb des Euroraums das Fehlen des Instruments der Wechselkursanpassung von den krisenbetroffenen Ländern schmerzlich vermisst wird, zeigten die diskutierten Beispiele zu den externen Effekten von Währungsräumen komplexe, über die Wechselkurse vermittelte Wirkungsketten zwischen Real- und Finanzwirtschaft in unterschiedlichen, aber miteinander verflochtenen Währungsräumen. Dabei wird über den Wechselkurs nicht nur die internationale Wettbewerbsfähigkeit der betroffenen Währungsräume beeinflusst, sondern es entstehen durch die Wechselkursentwicklungen auch spekulative Potenziale, deren Gewinne oder auch Verluste nicht mehr in einem unmittelbaren Verhältnis zu wirtschaftlichen Leistungen stehen. Mit dem Versuch, die realwirtschaftlichen Risiken der Wechselkursentwicklungen durch neue Instrumente (Swaps/Derivate) zu reduzieren, entstehen gleichzeitig wieder hochspekulative Potenziale, auf denen heute ein großer Teil der Umsätze im Finanzsektor basiert. Die damit verbundenen Risiken bedrohen im Einzelfall nicht nur die beteiligten Akteure oder Länder, sondern können in ihrer Wirkungsmächtigkeit auch das gesamte System gefährden.

Natürlich sind unternehmerische und staatliche Insolvenzen[10] sowie die Spekulation mit

---

[10] Einer Studie des IMF zufolge wurden zwischen 1824 und 2004 257 staatliche Insolvenzen ermittelt. Dass es sich dabei nicht um eine historische Angelegenheit handelt, zeigt die Zahl von 74 Staatspleiten allein zwischen 1981 und 1990 (Borensztein & Panizza 2009).

Wechsel- und Aktienkursen oder auch knappen Gütern ebenso wenig ein neues Phänomen, wie die damit verbundenen Krisen und Verluste. In gewisser Weise stabilisieren diese Ereignisse die Verhältnisse ähnlich wie bei einer realwirtschaftlichen Krise, in der durch Insolvenzen Marktbereinigungen erfolgen, die den verbleibenden Unternehmen verbesserte Absatzchancen ermöglichen. In diesem Sinne vernichten fehlgeschlagene Spekulationen („geplatzte Blasen") Kapital und entlasten damit die Finanzmärkte kurzfristig von dem enormen Verwertungsdruck, den kumulierten Vermögen durch immer neue Anlagen eine angemessene Verzinsung zu sichern. So gesehen sind auch die enorme Produktivität und Leistungskraft der heutigen Gesellschaften Fluch und Segen zugleich. Sie schaffen und kumulieren einen nie dagewesenen Reichtum an Sach- und Vermögenswerten, aber die Gesetzmäßigkeiten, die genau dies ermöglichten, erfordern eine anhaltend positive Verzinsung dieser Werte, was mit zunehmender Akkumulation schwieriger wird. Nun hat die Kraft und Kreativität dieses Systems bislang stets den Kollaps verhindert, weil es bisher immer wieder gelungen ist, neue Anlagemöglichkeiten und Formen zu entwickeln. Das muss durchaus nicht nur in hochspekulativen und destruktiven Bereichen geschehen, sondern kann durch realwirtschaftliche Investitionen in bislang unterkapitalisierten Ländern zur Entwicklung dieser Regionen und damit auch der Weltwirtschaft beitragen, was die 90er Jahre des letzten Jahrhunderts eindrucksvoll belegen. Allerdings schufen die zur Förderung der Weltwirtschaft notwendigen Regulationen und Mechanismen gleichzeitig neue spekulative Potenziale, die natürlich von den hochsensiblen Kapitalverwertungsgesellschaften erkannt und, soweit möglich, genutzt werden. Insbesondere die realwirtschaftlich sinnvollen Finanzinnovationen im Bereich des Risikotransfers eignen sich gleichzeitig für hochspekulative Geschäfte. Durch die entsprechenden Hebelwirkungen dieser Instrumente entstehen nun Risiken, die in ihren Dimensionen systemsprengende Risiken erzeugen können.

Die Komplexität der damit verbundenen Fragestellungen kann an dieser Stelle nicht weiter vertieft werden, weshalb abschließend noch einmal das „Grundproblem" fixiert werden soll: Fast alle aus der Geschichte bekannten gesellschaftlichen Formationen haben nicht konsumierte sogenannte Überschüsse produziert, die in unterschiedlicher Weise genutzt wurden. Die Palette ihrer Verwendung reicht von der Aussaat für die nächste Pflanzperiode bis hin zur Schatzbildung in Form von Edelmetallen oder Investitionen in herrschaftslegitimierende Sakral- und Profanbauten. Erst mit dem Papiergeld entstand die Möglichkeit einer Wertaufbewahrung dieser Überschüsse in stofflich nicht mehr gebundener Form, dem sogenannten Geldvermögen. Im Gegensatz zu dem sogenannten Sachvermögen verbergen sich hinter dem weltweit geschätzten Geldvermögen von ca. 124 Billionen US-$ keine direkten Substanzwerte (Ausnahme Aktien), sondern lediglich gesellschaftlich legitimierte Ansprüche auf gegenwärtige und zukünftige Güter. Diese entsprechen allerdings schon fast dem Doppelten des BIP der Weltwirtschaft in Höhe von 63 Billionen US-$. Allerdings sind diese Ansprüche schon durch den weltweiten Schuldenstand von ca. 95 Billionen US-$ zu 77 % gebunden oder verbraucht. Als aktuelle Schuldner treten vor allem Staaten auf, die zur Finanzierung ihrer Haushaltsdefizite oder auch zur Stabilisierung ihrer Banken in zunehmendem Maße auf die Kreditfinanzierung zurückgreifen müssen. Ist das Stadium erreicht, wo zur Tilgung alter Schulden neue Schulden aufgenommen werden, so tritt eine Art „Schneeballeffekt" (Schuldenfalle) ein, der bei steigenden Zinsen rasch in die Insolvenz führt. Trotz dieser Risiken bestehen bei sich relativ „kurzfristig" über Wahlen legitimierenden Systemen und den sie tragenden politischen Parteien Tendenzen, statt unpopulärer

Ausgabenreduzierungen längerfristige Kreditfinanzierungen in Anspruch zu nehmen, um das politische Mandat nicht zu verlieren oder um es zu erringen. Wenn nun aber innerhalb eines Währungsraumes oder eines seiner staatlich autonomen Teilregionen das Spannungsfeld zwischen privaten Vermögen, öffentlichen Schulden und wirtschaftlicher Leistungskraft aus den Fugen gerät, ist mit erheblichen Einbrüchen auch der betroffenen Realwirtschaften zu rechnen. Da in der heutiger weltwirtschaftlichen Situation kein Land mehr eine Insel ist, können die Folgen solcher finanzwirtschaftlicher Krisen – seien sie durch staatliches Fehlverhalten oder aber durch Spekulationen ausgelöst – insbesondere bei bedeutenden Währungsräumen kaum isoliert behandelt werden.

Mit der Kumulation erheblicher Geldvermögen ist die Welt zwar im Prinzip reicher geworden, das Management der daraus resultierenden Ansprüche an die materielle Welt aber auch an zukünftige Generationen hat allerdings Dimensionen erreicht, die die hoffnungsvollen Potenziale selbst wieder gefährden können. Das Wissen um diese Zusammenhänge zwischen Real- und Vermögenswirtschaft im nationalen und internationalen Maßstab ist eine notwendige Voraussetzung, um angemessene Entscheidungen sowohl als Staatsbürger aber auch als Vertreter politischer und wirtschaftlicher Organisationen treffen zu können. Hieraus erwächst der bildungspolitische Auftrag, diese nicht immer einfache Thematik zum Inhalt auch des schulischen Unterrichtes zu machen. Mit den vorliegenden Ausführungen sollte ein kleiner Beitrag auf diesem Weg geleistet werden.

Literatur

Allianz AG (2011): Global wealth report 2011, München, https://www.allianz.com/static-resources/_assets/homepage/de/gwr2011/v_1315816902000/globalwealthreport2011de.pdf [23.05.2012]

AustralianGovernmentBonds.com (2012): Government bond rate and yields, http://www.australiangovernmentbonds.com/bond-rate [09.03.2012]

AUTY, R.M. (1993): Sustaining development in mineral economies: the resource curse thesis, London, Psychology Press

BALASSA, B. (1964): The purchasing-power parity doctrine: a reappraisal, Journal of Political Economy, Vol. 72. No. 6: 584-596

Bank for International Settlement (2010): Triennial central bank survey of foreign exchange and derivatives market activity in 2010. Final results, Basel

BAV, Bundesaufsichtsamt für das Versicherungswesen (2000): R 3/2000, Berlin, http://www.bafin.de/SharedDocs/Downloads/DE/Rundschreiben/dl_rs_0003_va_derivate.pdf?__blob=publicationFile&v=5 [24.05.2012]

BECKERT, J. & C. DEUTSCHMANN (2011): Es gibt zu viel Vermögen, Handelsblatt, No. 243: 8

BMF, Bundesministerium der Finanzen (2011): Unterrichtung durch die Bundesregierung. Finanzplan des Bundes 2010-2012, Drucksache 17/2501, http://www.bundesfinanzministerium.de/nn_3378/DE/Wirtschaft__und__Verwaltung/Finanz__und__Wirtschaftspolitik/Bundeshaushalt/Bundeshaushalt__2011/Finanzplan-des-Bundes-2010-2014,templateId=raw,property=publicationFile.pdf [23.05.2012]

BMWi, Bundesministerium für Wirtschaft und Technologie (2012): EU-Strukturpolitik, http://www.bmwi.de/BMWi/Navigation/Europa/eu-strukturpolitik,did=143860.html [27.01.2012]

BORENSZTEIN, E. & I. PANIZZA (2009): The costs of sovereign default, IMF Working Papers, Vol. 56. No. 4: 683-741

BRACKMANN, M., MÜNCHRATH, J. & D. HEILMANN (2012): Gegen den Rest der Welt, Handelsblatt, No. 48: 1

Brockhaus (1969): Brockhaus Enzyklopädie 7, Wiesbaden, Brockhaus

BRUNNERMEIER, M.K., NAGEL, S. & L.H. PEDERSEN (2009): Carry trades and currency crashes, in: Acemogolu, D., Rogoff, K. & M. Woodford (eds.): NBER macroeconomics annual 2008, Chicago, University of Chicago Press: 313-347

Bundesrat (2011): Verordnung des Bundesministeriums für Finanzen. Zweite Verordnung zur Durchführung des Finanzausgleichsgesetzes im Ausgleichsjahr 2010, Drucksache 551/11, http://www.bundesfinanzministerium.de/nn_4480/DE/Wirtschaft__und__Verwaltung/Finanz__und__Wirtschaftspolitik/Foederale__Finanzbeziehungen/Laenderfinanzausgleich/Endgueltige-Abrechnung-LFA2010,templateId=raw,property=publicationFile.pdf [23.05.2012]

DETERING, M. & H. HAUSCHILD (2011): Ausländische Banken zieht es nach Indien, Handelsblatt, No. 18: 34

Deutsche Bundesbank (2012a): Vermögensbildung und Finanzierung in Deutschland im dritten Quartal 2011, http://www.bundesbank.de/download/presse/pressenotizen/2012/20120207.finanzierungsrechnung.php [23.05.2012]

Deutsche Bundesbank (2012b): Monatsberichte, Vol. 62. No. 2, Frankfurt/M.

DICKEN, P. (2003): Global shift. Reshaping the global economic map in the 21st century, London et al., Guilford Press

DOLAN, M. (2012): Growing risk in emerging currencies, International Herald Tribune/Financial, March 22: 3

Duden (1963): Etymologie. Herkunftswörterbuch der deutschen Sprache. Duden 7, Mannheim, Dudenverlag

Economist (2012a): Somalia's mighty shilling. Hard to kill. A currency issued in the name of a central bank that no longer exists, Economist, Vol. 403. No. 8778: 74

Economist (2012b): Japan's trade balance: seeing red. After half a century of trade surpluses, Japan is now in deficit, Economist, Vol. 403. No. 8767: 66

Economist (2012c): Brazil's trade policy: seeking protection, Economist, Vol. 403. No. 8767: 44

Economist (2012d): Trade-weighted exchange rates, Economist, Vol. 403. No. 8777: 93

EZB, Europäische Zentralbank (2012): Monthly bulletin, March 2012, Frankfurt/M., http://www.ecb.int/pub/pdf/mobu/mb201203en.pdf [24.05.2012]

Finanzen.net (2012a): Goldpreis, http://www.finanzen.net/rohstoffe/goldpreis [05.04.2012]

Finanzen.net (2012b): DAX, Historisch, http://www.finanzen.net/index/DAX/Historisch [05.04.2012]

FLEMING, J.M. (1971): On exchange rate unification, The Economic Journal, Vol. 81. No. 323: 467-488

FLOTTAU, J. (2007): Starker Dollar. Airbus schwebt in Lebensgefahr, http://www.sueddeutsche.de/wirtschaft/starker-dollar-airbus-schwebt-in-lebensgefahr-1.794221 [05.04.2012]

Flugrevue.de (2011): Airbus erhöht die Listenpreise, http://www.flugrevue.de/de/zivilluftfahrt/fluggeraete/airbus-erhoeht-die-listenpreise.36985.htm [05.04.2012]

FRIEDMAN, M. (1953): Essays in positive economics, Chicago, University of Chicago Press

Gabler (1997): Gabler Wirtschaftslexikon 10, Wiesbaden, Gabler

Handelsblatt (2010): Stärke durch Schwäche, Handelsblatt, No. 193: 6-7

Handelsblatt (2011): Wenn du einen Freund brauchst…, Handelsblatt, No. 204: 72-73

HÄRING, N. (2011): Geldmenge in der Eurozone wächst langsamer, Handelsblatt, No. 231: 33

IMF, International Monetary Fund (2010): Global financial stability report, Washington D.C.

INGRAM, J.C. (1962): Regional payments mechanisms: the case of Puerto Rico, North Carolina, North Carolina University Press

ISMAIL, K. (2010): The structural manifestation of the 'dutch disease': the case of oil exporting countries. IMF-Working Paper 10/103, http://www.imf.org/external/pubs/ft/wp/2010/wp10103.pdf [07.08.2012]

KAWAI, M. (1987): Optimum currency areas, in: Eatwell, J., Milgate, M. & P. Newman (eds.): The new Palgrave: a dictionary of economics, New York, Stockton Press: 129-131

KELLENBENZ, H. (1981): Deutsche Wirtschaftsgeschichte. Vom Ausgang des 18. Jahrhunderts bis zum Ende des Zweiten Weltkriegs 2, München, Beck

KENEN, P.B. (1969): The optimum currency area: an eclectic view, in: Mundell, R. & A. Swoboda (eds.): Monetary problems of the international economy, Chicago, University of Chicago Press: 41-60

KLAGGE, B. (2009): Finanzgeographie. Finanzmärkte und Unternehmensfinanzierungen in räumlicher Perspektive, Zeitschrift für Wirtschaftsgeographie, Vol. 53. No. 1/2: 1-2

KULKE, E. (2004): Wirtschaftsgeographie, Paderborn, Schöningh

LACHMANN, A. (2012): Der Euro vor dem Crash. Was Sie jetzt über Ihr Geld und die Krise wissen sollten! O.O., Kindle

Leitzinsen.info (2012): Leitzinsen Japan, http://www.leitzinsen.info/japan.htm [15.02.2012]

McKINNON, R.I. (1963): Optimum currency areas, American Economic Review, Vol. 53. No. 4: 717-725

MINTZ, N.N. (1970): Monetary union and economic integration. New York University, Graduate School of Business Administration, Institute of Finance (Bulletin 64)

MONGELLI, F.P. (2002): ‚New' views on the optimum currency area theory: what is EMU telling us? Frankfurt/M., EZB (EZB Working Paper 138)

MUNDELL, R.A. (1961): A theory of optimum currency areas, American Economic Review, Vol. 51. No. 4: 657-665

NIECHOJ, T., STEIN, U., STEPHANS, S. & R. ZWIENER (2011): Deutsche Arbeitskosten und Lohnstückkosten im europäischen Vergleich – Auswirkungen der Krise. Auswertung der aktuellen Eurostat-Statistik bis 2010. Institut für Makroökonomie und Konjunkturforschung (IMK), Düsseldorf, Hans-Böckler-Stiftung (IMK-Report 60)

NORTH, M. (Hg.) (2005): Deutsche Wirtschaftsgeschichte. Ein Jahrtausend im Überblick, München, Beck

OSMAN, J. & S. MENZEL (2011): Banken expandieren in Schwellenländern, Handelsblatt, No. 20: 32

PLOEG VAN DER, F. (2011): Natural resources: curse or blessing? Journal of Economic Literature, Vol. 49. No. 2: 366-420

SABLOWSKI, T. (2011): Krise und Kontinuität des finanzdominierten Akkumulationsregimes, Zeitschrift für Wirtschaftsgeographie, Vol. 55. No. 1/2: 65-83

SAMUELSON, P.A. (1964): Theoretical notes on trade problems, Review of Economics and Statistics, Vol. 46. No. 2: 145-154

SCHAMP, E.W. (2008): Globale Finanzmärkte, in: Schamp, E.W. (Hg.): Handbuch des Geographieunterrichts 9. Globale Verflechtungen, Köln, Aulis: 72-84

SCHAMP, E.W. (2009): Das Finanzzentrum – ein Cluster? Ein multiskalarer Ansatz und seine Evidenz am Beispiel von Frankfurt/Rhein-Main, Zeitschrift für Wirtschaftsgeographie, Vol. 53. No. 1/2: S. 89-105

SCHNAAS, D. (2010a): Die schwarze Messe der Geldschöpfung, Wirtschaftswoche, No. 40: 142-146

SCHNAAS, D. (2010b): Kleine Kulturgeschichte des Geldes, München, Fink

SIEDENBIEDEL, C. (2012): Wie kommt das Geld in die Welt? Frankfurter Allgemeine Sonntagszeitung, No. 5: 41

SINN, H.W., SCHLESINGER, H., KOHLER, W. et al. (2011): Die europäische Zahlungsbilanzkrise, Ifo-Schnelldienst 16/2011, http://www.cesifo-group.de/portal/pls/portal/docs/1/1209833.PDF [24.05.2012]

SINN, H.W. (2012): Alle Augen auf Spanien, Handelsblatt, No. 93: 64

Statistisches Bundesamt (2012): Destatis, https://www.destatis.de [05.04.2012]

STOCKER, F. (2012): Die Rallye kann weitergehen, Welt am Sonntag, No. 10: 37

THOMI, W. & J. OSSENBRÜGGE (2011): Risikofaktor Finanzmärkte, Zeitschrift für Wirtschaftsgeographie, Vol. 55. No.1/2: 1-4

TOWER, E. & T. WILLET (1976): The theory of optimum currency areas and exchange rate flexibility, New Jersey, Princeton University (International Finance Section 11)

United Nations (2010): International merchandise trade statistics, http://comtrade.un.org/pb/WorldTables.aspx?y=2010 [08.08.2012]

World Bank (2012): Data, http://data.worldbank.org/ [08.08.2012]

Walter Thomi
Martin-Luther-Universität Halle-Wittenberg
Fachgruppe Wirtschaftsgeographie
Von-Seckendorff-Platz 4, 06120 Halle (Saale)
walter.thomi@geo.uni-halle.de
http://wigeo.geo.uni-halle.de/mitarbeiter/thomi/

Teil B

Didaktischer Beitrag zu Lehrmethoden

Weltwirtschaftskrise – verstehen was die Welt bewegt
Didaktische Ansätze und methodische Umsetzungen

Andreas Keil

erschienen in: Oßenbrügge, J. (Hg.): Geographie der Weltwirtschaft. Hamburg 2012
(Hamburger Symposium Geographie, Band 4): 83-97

1. Einleitung

Die Weltwirtschaft ist ein aktuelles und relevantes Thema, aber letztlich für Experten und Bürger und damit auch für Lehrer, Eltern und Schüler ein sehr schwieriges und unüberschaubares Feld. Es werden unzählige Informationen medial transportiert, die immer wieder neue Fragen nach sich ziehen und die die Dimension des Gegenstands Weltwirtschaft und deren Krisen ausufern lassen (vgl. auch Abb. 1). Wer kann schon von sich behaupten, bei finanzwirtschaftlichen Diskussionen, z B. über Hedgefonds, Private Equity, Venture Capital, vollständig informiert zu sein und den vielfältigen Argumentationen folgen zu können, sie sogar zu verstehen und auf dieser Basis eine eigene fundierte Stellung beziehen zu können? Beruhigend und zugleich erschreckend ist, dass damit befasste Berufspolitiker, wie der ehemalige Minister Steinbrück, in Interviews einräumen, ebenfalls den Überblick über die eigendynamisch sich entwickelnde Finanzwirtschaft manchmal zu verlieren. Insofern wurde mit dem didaktischen Teil des Hamburger Symposiums Geographie versucht, einen fachlichen Überblick (selbstverständlich unvollständig) und exemplarisch didaktische Zugänge zum Thema Weltwirtschaftskrise zu erarbeiten. Ebenso ist der vorliegende Beitrag angelegt: Zunächst wird unter der Überschrift „Verständnis für Globalisierung/Weltwirtschaft entwickeln"

Abb. 1: „Womit fange ich nur an?"
(Bauer et al. 2007: 8)

auf relevante inhaltliche Hintergründe und daran anknüpfende, ausgewählte fachdidaktische Zugänge eingegangen. Auf der Basis von aktuellen didaktisch-methodischen Bildungsdiskussionen werden dann Bezüge und Anregungen zu Inhalten und Methoden vorgestellt, die relevant für einen Geographieunterricht zum Thema Weltwirtschaftskrise sind.

2. Verständnis für das Thema Globalisierung/Weltwirtschaft entwickeln

Marktturbulenzen gab es schon immer, wirtschaftliche Krisen sind also kein neues Phänomen. Im 17. Jh. platzte in den Niederlanden eine Tulpenspekulationsblase, kurz vor dem Crash wurde eine einzelne Tulpenzwiebel mit einem auf heutige Kaufkraft umgerechneten Wert von etwa 300.000 € gehandelt. Letztlich blieb dieser Crash aber ohne tiefgreifende Folgen. Dagegen ist die Weltwirtschaftskrise von 1929 nach wie vor als *die* Weltwirtschaftskrise bekannt, da sie fatale gesellschaftliche Veränderungen in Form von Arbeitslosigkeit, Armut und politischem Wandel zur Folge hatte. Die Währungskrisen in Schwellen- und Transformationsländern der 1990er-Jahre ist uns womöglich noch bekannt, letztlich war die Bevölkerung Deutschlands und Europas aber im doppelten Wortsinn nicht betroffen. An die dotcom-Krise im Jahr 2000 erinnert man sich noch gut, der Neue Markt war zur Cashcow geworden und brach dann in sich zusammen. Und die letztjährigen Entwicklungen sind als Ereignisse noch sehr präsent: Die US-Immobilienkrise löste eine Finanz- und Wirtschaftskrise aus (Stichworte Lehman Brothers oder HypoRealEstate), die letztlich weltweit auf die Realwirtschaft übergriff und eine Weltwirtschaftskrise verursachte. Schließlich liegt ganz aktuell nicht nur in Europa eine Phase der überbordenden Staatsverschuldungen vor. Die Hintergründe zu und Auswege aus diesen Krisen wurden im Verlauf immer komplizierter. Wie geht die Geographie mit diesen Entwicklungen um? Welche Erkenntnisse geben uns Fachwissenschaft und Fachdidaktik für die Lehre an die Hand?

In einer aktuellen Ausgabe der Zeitschrift für Wirtschaftsgeographie wird betont, dass es insbesondere im Zusammenhang mit dem Thema Finanzwirtschaft für die deutschsprachige Wirtschaftsgeographie eine ganze Reihe von Forschungsdesideraten sowohl theoretisch-konzeptioneller als auch empirischer Art gibt. Schamp (2011: 104) betont, dass zwar die Akteure und die Institutionen analysiert werden (Mikro- und Mesoebene), dass die nationalen Wirtschaftssysteme (also die Makroebene) wirtschaftsgeographisch aber weitgehend unberücksichtigt bleiben. Zudem hebt er hervor, dass die für das Verständnis von Finanz- und Wirtschaftskrisen besonders relevanten monetären und finanzwirtschaftlichen Zusammenhänge von der Wirtschaftsgeographie nur teilweise erschlossen werden. Er lobt in diesem Zusammenhang die Hamburger Ansätze von Oßenbrügge (2008) und Klagge (2009) und hebt letztlich die Regulationstheorie als lohnendes Theoriekonzept der Krise hervor. Schließlich strebt Schamp (2011) für die Wirtschaftsgeographie eine prospektive Risikoforschung an, wie sie im Hinblick auf Umweltgefahren in der Mensch/Umwelt-Forschung schon existiert.

Die Fachdidaktik, gerade auch in Hamburg (vgl. LI Hamburg 2010a, b, 2011, 2012), hat bereits in den 1990er-Jahren das didaktische Konzept des Globalen Lernens entwickelt. Hiermit werden fächerübergreifend im Sinne von Klafki die epochaltypischen Schlüsselprobleme behandelt und es werden Kompetenzförderung, Individualisierung und selbstgesteuertes Lernen in den Vordergrund gestellt. Globales Lernen versteht sich als Antwort auf globale Entwicklungs- und Zukunftsaufgaben und ist essentieller Bestandteil einer Bildung für nachhaltige Entwicklung. Damit ist Globales Lernen global – national – regional – lokal – individuell ausgerichtet, strebt also eine ganzheitliche, tolerante Betrachtung des Mensch/Umwelt-Systems an. Wichtig für ein Globales Lernen im Sinne einer Bildung für nachhaltige Entwicklung ist also, dass verschiedene Perspektiven bzw. Interessenlagen beleuchtet werden und dass damit ein Verständnis für das Thema Globalisierung existiert.

Weltwirtschaftskrise – verstehen was die Welt bewegt

Entwicklungslinien der Globalisierung/Globales Lernen

Zunächst lassen sich die Ursachen und Hintergründe der Globalisierung sehr vereinfacht zusammenfassen. Dies sind unter anderem:

- die seit Ende des Zweiten Weltkrieges und besonders seit Ende des kalten Krieges sich ausbreitende Liberalisierung des Welthandels, indem zahlreiche Handelshemmnisse abgebaut wurden;
- die weltweite Verbreitung und Verfügbarkeit von Kommunikations- und Informationstechnologie;
- die zunehmende Mobilität, ausgelöst durch stetig sinkende Kosten für Transport und Kommunikation;
- das Bestreben von Unternehmen nach Gewinnsteigerungen durch internationale Produktion und weltweiten Absatz (Transnationale Unternehmen). Diese weltweite Arbeitsteilung wird durch massive Unterschiede in den Arbeitskosten gefördert (ein Programmierer in den USA verdient durchschnittlich im Jahr 80.000 US-$, ein Programmierer in Indien dagegen 6.000 US-$).

In Wörter- und Schulbüchern (vgl. z.B. BPB 2006; Bauer et al. 2007: 6 f) werden folgende Aspekte der Diskussion um Globalisierung hervorgehoben: Der Begriff der Globalisierung ist mehrdimensional und vielschichtig. Zunächst war der Begriff vor allem wirtschaftlich geprägt als Kennzeichen für die an Bedeutung zunehmende Internationalisierung des Handels, der Kapital- sowie der Produkt- und Dienstleistungsmärkte und die internationalen Verflechtungen der Volkswirtschaften. Doch auch Gesellschaft, Kultur, Umwelt und Politik sind, wie die vorrangig genannte ökonomische Dimension, im Sinne der Globalisierung international verflochten.

Als positiver Aspekt der Globalisierung wird genannt, dass im Zuge des Prozesses zahlreiche so genannte Entwicklungsländer ein starkes Wirtschaftswachstum zeigen. Für das vorliegende Thema der Weltwirtschaftskrise sind aber vor allem die Hauptkritikpunkte relevant. Kritisiert wird, dass eine Globalisierung der Märkte nicht mit einer Globalisierung der Menschenrechte, der Demokratie und der ökologischen Standards einhergeht. Außerdem profitiert in vielen Ländern nur ein kleiner Teil der Bevölkerung von der wachsenden Wirtschaft. Ein weiterer großer Kritikpunkt an der Globalisierung ist daher die zunehmende soziale Ungleichheit. Weiterhin ist vor allem der afrikanische Kontinent nur marginal in die globale Wirtschaft integriert.

Den vorgenannten Diskussionen und Argumentationen um Globalisierung entsprechend und für den vorliegenden Zusammenhang Weltwirtschaftskrise und Geographieunterricht hilfreich ist das Strukturierungsschema des didaktischen Modells Globales Lernen: Es zeigt eine Aufteilung des Globalisierungsbegriffs in vier Dimensionen, nämlich die durch die Kommunikation bedingte „Vernetzte Welt", den ökonomischen „Weltbinnenmarkt", die gesellschaftliche Veränderung zu einer „Welt als globales Dorf" und im Hinblick auf die Sicherheit „Die Welt als Risikogemeinschaft" (vgl. Abb. 2). Damit kann man im Sinne des didaktischen Ansatzes des Globalen Lernens einen kompetenten Zugang zum Thema Globalisierung gewährleisten, die Schwierigkeit des Themas wird sinnvoll reduziert und fassbar gemacht.

Mit einer so verstandenen Bildung zum Themenbereich Globalisierung soll den Schülern eine Orientierung in der globalisierten Welt ermöglicht werden, die sie selbsttätig weiterentwickeln können. Uphues konnte im Jahr 2007 mit einer empirischen Untersuchung von über 1.000 Schülern der Jahrgangsstufen 7, 9 und 12 in Nordrhein-Westfalen nachweisen, dass bei Schülern eine solche Orientierung und ein Verständnis für den Begriff existieren. Dabei wurden negative Assoziationen mit der Globalisierung, wie sie bei vergleichbaren Erhebungen von er-

Hamburger Symposium Geographie – Geographie der Weltwirtschaft

Dimensionen der Globalisierung			
Kommunikation	**Ökonomie**	**Gesellschaft**	**Sicherheit**
"Vernetzte Welt"	"Weltbinnenmarkt"	"Welt als globales Dorf"	"Welt als Risikogemeinschaft"
Merkmale			
Innovationen der Mikroelektronik und Telekommunikation	sinkende Transportkosten, Mobilität des Kapitals, Abbau von Handelsschranken	Bedeutungsverlust von Nationalstaaten	Klimakatastrophe, Armut und Migration

Abb. 2: Dimensionen der Globalisierung (nach Uphues 2007: 13 ff)

wachsenen Probanden häufig hervorgehoben werden, von den Jugendlichen deutlich seltener formuliert. Ein weiteres Ergebnis der Untersuchung von Uphues (2007, 2008) ist die Akzentuierung ökonomischer Aspekte, wie Welthandel oder Unternehmen als Global Player, bei den Oberstufenschülern.

Tatsächlich sind durch die rasanten Entwicklungen seit dem Zweiten Weltkrieg transnationale Konzerne zu zentralen Akteuren der ökonomischen Globalisierung geworden (Mercedes-Benz, Microsoft etc.). Die wichtigsten Global Player wickeln mehr als zwei Drittel des Welthandels ab und konkurrieren untereinander um die profitabelsten Standorte. Weitere wichtige Aspekte der ökonomischen Dimension der Globalisierung sind die Kategorien der Handelsverflechtungen und der Finanzmärkte: Bezüglich der Welthandelsverflechtungen ist zu sagen, dass der Außenhandel lange Zeit von Protektionismus bestimmt war. Die einzelnen Länder gingen davon aus, dass beim Handel nur dann ein Einnahmeüberschuss zu erlangen ist, wenn mehr Güter aus- als eingeführt werden. So schützte man inländische Wirtschaftszweige vor ausländischen Anbietern durch Zölle und andere Handelshemmnisse. Nach Ende des Zweiten Weltkriegs kam es in der Weltwirtschaft zu einer verstärkten Einführung des Freihandels, u.a. durch Gründung von Freihandelszonen, wie EG/EU, NAFTA und ASEAN. Als Reaktion hierauf steigt der Welthandel seit 50 Jahren stark an und hat sich von der weltweiten Warenproduktion entkoppelt.

Am deutlichsten wird die Zeitrechnung der Globalisierung aber an der explosionsartigen Ausweitung der Transaktionen an den internationalen Finanzmärkten. Diese Geldflüsse konnten sich aufgrund der neuen technischen und organisatorischen Bedingungen zunehmend von der Realwirtschaft entkoppeln. Uphues (2007: 14) betont, dass die Finanzwirtschaft „überwiegend der Geldvermehrung aus sich selbst heraus dient, indem [beispielsweise; A.K.] auf Kursschwankungen bei Devisen, Aktien oder Wertpapieren spekuliert wird". Im „Atlas der Globalisierung" (Le Monde Diplomatique 2009: 46 f) wird für das Jahr 2007 aufgezeigt, dass der tägliche Umsatz, der mit der Finanzwirtschaft erzielt wurde, bei rund 5.500 Mrd. US-$ liegt. Mit der realen Wirtschaft wurden 2007 dagegen pro Tag lediglich 150 Mrd. US-$ umgesetzt. Die internationalen Finanz- und Devisenmärkte sind damit weitgehend von der Realwirtschaft abgekoppelt, dieser kommt nur noch eine untergeordnete Rolle zu (vgl. dazu auch die Beiträge von Oßenbrügge und Thomi in diesem Band).

Hintergründe
Weltwirtschaftskrise/Ökonomische Bildung

Dieser Bedeutung der Finanzwirtschaft entsprechend, kann eine lokal verursachte Finanzkrise,

Weltwirtschaftskrise – verstehen was die Welt bewegt

wie z.B. in den USA durch die Immobilienkrise geschehen, sich rasch zu einer weltweiten ökonomischen Krise ausweiten. Hierin liegt also eine Haupterklärung für die aktuelle Krise der Weltwirtschaft. Die US-Immobilienkrise dokumentiert in der Rückschau sowohl ein Markt- als auch ein Politikversagen. Auch wenn diese Krise hier nur kurz skizziert werden soll, muss man in der Betrachtung bis zum 11. September 2001 zurückgehen. Im Nachgang der Terroranschläge wurden die Kapitalzinsen niedrig gehalten, um eine Panik bei Anlegern zu vermeiden. Das Zinsniveau blieb auch in den Folgejahren niedrig, so dass ein Boom auf dem Immobilienmarkt eintrat. Dieser wurde durch Anreize der Regierung noch verstärkt. Für deutsche Banken undenkbar, vergaben die Banken auch Kredite an Kunden mit fehlender Bonität, zu höherem Zins. Das Risiko schien bei den Kreditnehmern zu liegen, denn der Gegenwert des Hauses nahm zu. Doch schließlich überstieg das Immobilienangebot die Nachfrage, der Wert der Häuser sank, die Hypothekenzinser stiegen. So platzte die „Immobilienblase" und die Immobilienkrise wurde zu einer Bankenkrise. Denn die Hypothekenbanken hatten diese Kredite an Investmentbanken verkauft, die wiederum damit weiter handelten. Letztlich war der gesamte Hypotheken-, Banken- und Investmentmarkt so sehr mit diesen nicht gedeckten Krediten verseucht, dass ein Zusammenbruch des Immobilienmarktes auch den Zusammenbruch des Finanzmarktes nach sich zog. Die privatwirtschaftlichen Ratingagenturen hatten bei der Bewertung des Risikos falsch gelegen. Aufgrund vorheriger weitreichender Deregulierung des Finanzmarktes hatte der Staat die Kontrolle über die weit verzweigten Zusammenhänge verloren. Denn die Bilanzen der von der Bankenaufsicht zu kontrollierenden Banken waren positiv. Insofern hat an dieser Stelle auch der Staat als Kontrollinstanz versagt.

Da zuvor die global tätigen Finanzinstitute an diesem Markt profitiert haben, waren von dem Zusammenbruch ebenfalls alle betroffen, so dass es im Jahr 2008 zur globalen Finanzkrise kam. Beispielsweise vergab die deutsche Hypo-RealEstate Zinsen für kurzfristige institutionelle Anleger. Und sie kaufte langfristig laufende Kreditverbriefungen, z.B. aus dem US-Immobilienmarkt. Dieses Geschäftsmodell funktionierte, da die langfristigen Kredite deutlich höhere Zinsen brachten als die kurzfristigen Einlagen kosteten. Mit dem Zusammenbruch der Immobilienblase brachen aber die langfristigen Zinsen weg, so dass alle beteiligten Institute betroffen waren. Hier hatte also auch das bankinterne Risikomanagement versagt.

Diese Finanzkrise weitete sich im Verlauf des Jahres 2008 dann auf die Realwirtschaft aus. Denn mit dem Konkurs der Investmentbank Lehman Brothers wurden am „Schwarzen Montag" (15.09.2008) auch die weltweiten Aktienkurse erreicht. Die Folge sind massive Produktionsrückgänge der Realwirtschaft (- 20 %) und der Einbruch des Energiemarktes. Das Statistische Bundesamt meldete, dass sich Deutschland in diesem Quartal in einer Rezession befand, für 2009 bedeutete dies einen Rückgang des Bruttoinlandsprodukts (BIP) um 6 %. Erstmals seit 60 Jahren schrumpfte die Weltwirtschaft. Dementsprechend musste die Politik versuchen, mit Maßnahmen auf den Markt einzuwirken. Sie tat dies in Deutschland wie weltweit alle Regierungen mit entsprechenden Konjunkturprogrammen, die einerseits die abgesackte Nachfrage wieder steigern sollten („Abwrackprämie"), andererseits das Wachstum durch Vergünstigungen wieder beschleunigen sollten (Steuererleichterungen für Unternehmen, Erhöhung des Kindergeldes etc.). Letztlich führten diese Konjunkturprogramme zu einer Rekordneuverschuldung von mehr als 80 Mrd. €, wobei die Neuverschuldung Deutschlands im internationalen Vergleich mit Frankreich, Japan oder den USA noch moderat ablief (vgl. Abb. 3).

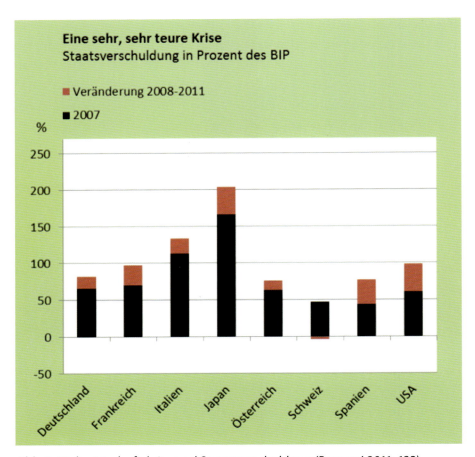

Abb. 3: Weltwirtschaftskrise und Staatsverschuldung (Brunetti 2011: 133)

Schließlich wurde durch die Finanz- und Wirtschaftskrise die Fragilität der Europäischen Wirtschafts- und Währungsunion deutlich. Hier wurde offensichtlich, dass es solide und unsolide wirtschaftende Länder, dass es wettbewerbsfähige und weniger wettbewerbsfähige Staaten gibt. Bereits im Oktober 2009 begann die sich immer noch zuspitzende Griechenlandkrise mit der Bekanntgabe, dass dort das Staatsdefizit doppelt so hoch ausfallen würde wie erwartet. Am 9. März 2010 schreibt dann die International Herald Tribune: „The Greek dept crisis will change the way the euro zone works". Angesprochen wird mit diesem Zitat, dass man innerhalb der Europäischen Union die Grenzen abgebaut hat, dass man eine gemeinsame Währung eingeführt hat, dass man aber keine gemeinsame verbindliche europäische Wirtschaftsregierung hat. Es gibt lediglich den Stabilitäts- und Wachstumspakt, der einen Rahmen vorgibt, der allerdings von den Staaten mehr oder weniger geachtet wird. D.h. die Euro-Länder lassen letztlich eine Intervention von Brüssel in ihre nationale Wirtschafts-, Beschäftigungs-, Lohn- und Steuerpolitik nur sehr eingeschränkt zu. Dementsprechend liegen die Haushaltsdefizite fast aller Euro-Staaten über der eigentlich verbindlichen Maastrichtgrenze von 3 % des BIP. Die Diskussionen um einen Europäischen Sicherheitsfonds, Euro-Bonds und eine Bankenunion sind zäh und dauern von einem EU-Gipfel zum nächsten an. Dementsprechend mahnt der Internationale Währungsfonds (IWF) auch im Jahr 2012 für die Euro-Zone eine gemeinsame Politik an, die Lösungen für die sich weiter verschärfende Krise bereitstellt. Doch auch nachdem solche notwendigen Schritte zur akuten Problembewältigung durchgeführt sind, stellt sich aufs Neue die Frage, ob die Politik flexibel und schnell genug ist, um auf die rasanten Entwicklungen des Finanzmarktes eingehen zu

Weltwirtschaftskrise – verstehen was die Welt bewegt

können. An diese Überlegung schließt sich eine grundsätzliche Unterscheidung an, die auch sehr relevant für den Geographie- und Wirtschaftsunterricht ist: Es gibt zwei gegenläufige Ansätze, welche Rolle Politik in der Marktwirtschaft zukommen soll. Beide sind auch relevant in der aktuellen Wirtschaftskrise. Auf der einen Seite der Keynesianismus (nach dem britischen Ökonomen Sir John Maynard Keynes [1883-1946]), der eine politische Steuerung des Marktes vertritt, und auf der anderen Seite die neoliberale (neoklassische) Marktderegulierung (nach dem US-Ökonomen Milton Friedmann [1912-2006]).

Bei der keynesianischen Theorie steht die Nachfrage im Mittelpunkt der Überlegungen. Keynes Grundidee liegt darin, dass in einer Krise die sinkende Nachfrage wieder gesteigert werden muss, dies produziert Jobs, reduziert also Arbeitslosigkeit und beendet pessimistische Tendenzen. Diese Fiskalpolitik setzt also antizyklisch ein: In Krisenzeiten wird durch erhöhte Staatsausgaben und Steuersenkungen zu Konsum und Investitionen beigetragen, so dass gesamtwirtschaftlich die Nachfrage steigt. In Hochkonjunkturphasen sollen dagegen die Staatsausgaben gesenkt und die Steuern erhöht werden, um Schulden abbauen zu können und Rücklagen zu bilden. Diese Theorie von Keynes ist als Antwort auf die Weltwirtschaftskrise 1929 entstanden und war bis in die 1980er-Jahre auch leitend für die soziale Marktwirtschaft der Bundesrepublik Deutschland. Im Sinne der Stabilität ist eine solche aktive politische Steuerung oder Regulierung auch im Grundgesetz verankert.

Friedman argumentiert gegen Keynes: Es gelte gleichmäßiges Wachstum und internationale Wettbewerbsfähigkeit zu erreichen, indem die Angebotsseite und damit die Unternehmen gestärkt werden. Dies würde dann auch zu Vollbeschäftigung und allgemeiner Prosperität führen. Durch Deregulierung soll die Produktion besser und günstiger werden. Friedmans Vorschläge, wie Privatisierungen z.B. des Postmonopols, den Verzicht auf Mindestlöhne, die Streichung des Sozialen Wohnungsbaus, Steuererleichterungen für Unternehmen oder die Senkung von Lohnnebenkosten, wurde von den Regierungen in den USA (Reagan, Bush) und Großbritannien (Thatcher) aufgegriffen. Nach dem Zusammenbruch des sozialistisch ausgerichteten Ostblocks wurde dann auch in vielen anderen Staaten mit einer neoliberalen Ausrichtung die Refinanzierung der öffentlichen Haushalte angestrebt.

Wie zuvor aber aufgezeigt, bewirkte zuletzt die Finanz- und Wirtschaftskrise, dass zunächst die USA und dann auch andere Staaten wieder fiskalpolitische Konjunkturpakete keynesianischen Zuschnitts einsetzten, um der Krise zu begegnen. Nun wird wieder eine stärkere Regulierung insbesondere der Finanzmärkte angestrebt. Letztlich zeigen sich für beide Theorien zahlreiche positive wie negative Bewertungen und täglich gibt es Meldungen, die über Entwicklungen berichten, die auf beide Ansätze zurückzuführen sind.

Die vorherigen allgemeinen Ausführungen zu Globalisierung und Weltwirtschaft haben einige grundlegende Zusammenhänge der Weltwirtschaft aufgegriffen und sollten deutlich machen, dass in Bezug auf das Thema „Ökonomische Bildung" gerade auch die Geographie gefordert ist. Diese Inhalte sind relevant für die Sekundarstufen I und II und könnten für den Unterricht Hintergründe für spezifische wirtschaftsgeographische Fragestellungen sein.

Die Deutsche Gesellschaft für Ökonomische Bildung hat folgende Kompetenzen und entsprechende Bildungsstandards benannt, die mit einer Ökonomischen Bildung zu vermitteln sind:
- Handlungssituationen ökonomisch analysieren;
- Ökonomische Systemzusammenhänge erklären;
- Entscheidungen ökonomisch begründen;
- Rahmenbedingungen der Wirtschaft verstehen und mitgestalten;

- Konflikte perspektivisch und ethisch beurteilen (vgl. DEGÖB 2004: 1).

Diese so benannten Kompetenzen dokumentieren die Relevanz der aktuellen Wirtschaftskrise als Thema für den Unterricht. In einigen Bundesländern, wie auch in Hamburg, werden von Lehr- und Bildungsplänen Inhalte wie Wirtschaften in Europa oder Weltwirtschaftliche Verflechtungen in der Sekundarstufe I sowie Globalisierung in der Oberstufe ausdrücklich vom Fach Geographie gefordert.

3. Relevante Inhalte

Im Folgenden wird zunächst kurz auf Schulentwicklungen und -planungen eingegangen, die in Hamburg (vgl. FHH 2004, 2009, 2011; LI Hamburg & FHH 2011), aber ebenso auch in anderen Bundesländern vollzogen werden, um damit einen Bezug zur Auswahl relevanter Inhalte für das Thema Weltwirtschaft und Krise herzustellen. Die neuen Bildungspläne dokumentieren einen Paradigmenwechsel von einem themenorientierten Lehrplan hin zu einer Orientierung an Kompetenzen. Dementsprechend wird es aktuell zur Aufgabe der Schulen und Lehrer, die vorliegenden Rahmenpläne mit individuell zu erstellenden schulinternen Curricula zu konkretisieren. Eine kritische Analyse dieser Entwicklungen wird hier nicht angestrebt, es könnte z.B. kritisiert werden, dass dieser Prozess sehr aufwändig ist oder andererseits auch keine neue Idee darstellt. Stattdessen ist zu betonen, dass dieser Prozess bezüglich der konkreten Unterrichtsgestaltung den Schulen und Lehrern mehr Gestaltungsspielräume gibt und letztlich zu einer kooperativen, fächerübergreifenden Zusammenarbeit Anlass gibt. Hinzu kommt in Hamburg seit dem Schuljahr 09/10 die Profiloberstufe. Auch hier können individuelle Profile helfen, einer fachlichen Isolierung entgegenzuwirken und damit vernetztes, fächerübergreifendes und problemorientiertes Denken zu fördern. Mit diesen aktuellen Schulentwicklungen sind also Freiräume für die interdisziplinär zu verstehenden Globalisierungsthemen gegeben.

Bezüglich der Kompetenzorientierung fällt an den Hamburger Bildungsplänen für das Fach Geographie die eindeutige Orientierung am Raumbegriff auf und im Hinblick auf das Globalisierungsthema die Betonung der Vermittlung von Raumverhaltenskompetenz. Diese höchste Kompetenz umfasst die Fähigkeit, Räume entwickeln, gestalten und bewahren zu können. Auch an dieser Stelle soll nicht die Diskussion um das Für und Wider der Kompetenzorientierung und damit der Möglichkeit der standardisierten Überprüfung thematisiert werden, wie sie ja letztlich auch von der Fachgesellschaft (Deutsche Gesellschaft für Geographie, vgl. DGFG 2010: 9 ff und Abb. 4) vorgegeben und diskutiert wird. Hier sollen bezogen auf das Oberthema Weltwirtschaft und Globalisierung beispielhaft Materialien und Themen kurz vorgestellt werden, die in der fachdidaktischen Literatur zu finden sind.

An dieser Stelle sind zunächst einige umfangreiche Materialangebote im Überblick zu nennen:

- Die Veröffentlichungen der Landeszentrale für politische Bildung Baden-Württemberg in der Reihe „Deutschland und Europa" sind sehr zu empfehlen. Die Hefte 59 (LPB BW 2010) und 63 (LPB BW 2012) sind Sammlungen von aktuellen Fragestellungen zur Finanz-, Wirtschafts- und Eurokrise. Die Hefte sind so aufgebaut, dass jeweils einem fundierten Sachtext vertiefende Materialien (Statistiken, Abbildungen etc.) zugeordnet sind. Insgesamt sind diese Veröffentlichungen sehr gut für die Umsetzung in der Oberstufe geeignet.
- Auf dem Hamburger Bildungsserver (*www.bildungsserver.hamburg.de/globalisierung*) sind

Weltwirtschaftskrise – verstehen was die Welt bewegt

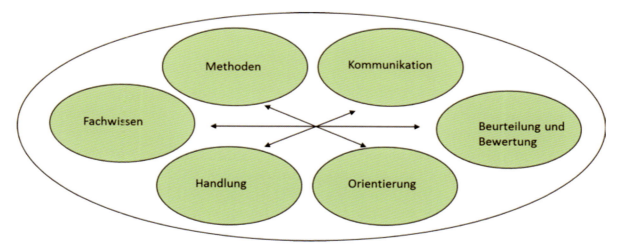

Abb. 4: Kompetenzbereiche des Faches Geographie (nach DGFG 2010: 9)

zahlreiche Materialien zum Thema Globalisierung zu finden. Gegliedert nach Unterthemen wird dem Nutzer hiermit die eigene Recherche erleichtert.

- Das Unterrichtsmodell „Hunger durch Wohlstand" ist ein Beitrag des Landesinstituts zum Lernbereich Globales Lernen (*www.globaleslernen.de/GLinHamburg/dokumente/Glob-Lern_Nr2_Hunger.pdf*, s.o.).
- Die „Unterrichtseinheit Globalisierung", die das Institut für Ökonomische Bildung der Universität Oldenburg mit Unterstützung des Handelsblatts erstellt hat (Koch & Eggert 2008), ist ein umfangreicher Materialfundus.
- Das Heft „Globalisierung" der LPB BW (2003) enthält Unterrichtsvorschläge, ausführliche Informationen und Unterrichtsmaterialien, die Daten müssten allerdings bald aktualisiert werden.

Bei den weiteren Angeboten von Unterrichtsmaterialien fällt zunächst einmal die Vielzahl des vorliegenden Materials auf. Dieses lässt sich inhaltlichen Kategorien zuordnen und kann dann auch hier exemplarisch benannt werden, so z.B. die zahlreiche Literatur zu den Schnittstellen des Welthandels, wie dem Hamburger Hafen. Es finden sich also häufig Materialien zu Raumbeispielen, wie z.B. Pfannenstein (2011).

Zahlreich liegen auch Aufsätze und Materialien vor, die die Schülerperspektive auf das Thema Globalisierung (Globalisierte Schülerwelt) und Wirtschaftskrise aufgreifen, also z.B. deren Konsumverhalten oder die persönlichen Erfahrungen mit Geldmangel (beispielsweise zu hohe Handykosten), wie z.B. bei Applis & Höhnle (2010).

Eine weitere Kategorie machen Unternehmen aus, die global ihre Waren anbieten, von McDonald's über Coca Cola bis hin zu Ikea und Aldi. Sie werden von einer großen Bevölkerungsmehrheit genutzt und sind deshalb auch interessanter Unterrichtsgegenstand, wie z.B. in Kulke (2011).

Schließlich fällt bei der Recherche nach Globalisierungsmaterialien auf, dass eine Reihe von Artikeln für das Globalisierungsthema innovative Methoden vorstellen: So benutzt Noltenius (2010) für die Fragestellung „Wie kann man Globalisierung messen?" den KOF Index der Globalisierung. Dieser Index wird seit 2002 von der Konjunkturforschungsstelle (KOF) der Eidgenössischen Technischen Hochschule Zürich erstellt und benutzt hierzu z.B. auch den Indikator Anzahl von Ikea-Fachmärkten pro 1.000 Einwohner. Ein weiteres bekanntes Beispiel ist die Einführung der Methode *Mysteries* als Methode für globales Denken im Jahr 2005 durch Schuler.

4. Methodische Möglichkeiten

Die Beispiele des KOF Indizes und der Methode *Mysteries* weisen somit auf die Bedeutung von innovativen Methoden für die Behandlung des Themas Weltwirtschaft/Globalisierung hin. Eine Bildung für nachhaltige Entwicklung bzw. der Lernbereich Globales Lernen, dem hier das Weltwirtschaftsthema zugeordnet wird, fordern den Einsatz von innovativen Methoden ein und legen Wert auf Methodenvielfalt. Dementsprechend gibt es auch zu diesem Unterpunkt eine Vielzahl von Erkenntnissen und Hinweisen. Dadurch, dass allerdings verschiedene didaktische Modelle vorliegen, gibt es in deren Kontext auch eine Vielfalt von verschiedenen Kategorien und Beschreibungen für Unterrichtsmethoden. Eine eindeutige Benennung von relevanten Unterrichts- und Lernmethoden legt das Didaktische Konzept des Landesinstituts Hamburg vor (vgl. Abb. 5). Es betont, dass sich Unterrichtsmethoden im engeren Sinn von Unterrichtsprinzipien (wie Handlungsorientierung oder kooperatives Lernen), Sozialformen (wie Partner- und Gruppenarbeit) und Unterrichtsformen (wie Lehrgang, Training, Projekt) unterscheiden lassen. Mit einer offenen Liste benennen die Autoren dann eine Vielzahl von innovativen Methoden, die für den Unterrichtseinsatz zum Thema Globales Lernen sehr hilfreich sind. Die Hintergründe dieser und zahlreicher weiterer Unterrichts- und Lernmethoden lassen sich einfach über verschiedene Internetangebote erschließen (vgl. z.B. Reich 2012).

Methodenvielfalt von A bis Z

Unterrichtsmethoden	Lernmethoden
Advance Organizer	Assoziatives Lernen
Brainstorming	
Collage	Clustering
Debatte	
Erkundung	Exzerpieren
Fallstudie	Fünf-Schritte-Lesemethode
Gruppenpuzzle	Grafiz
Hearing	
Ideen-Karussell	Interview
Ja oder Nein (Positionslinie)	
Konstruktive Kontroverse	Kategorien bilden
Lernen durch Lehren	Lernkartei
Mystery	Mind-Map
Netzwerk	Notizen
Portfolio	Perspektivenwechsel
Quiz	Quellen-Check
Rollenspiel	Recherchieren
Storyline-Methode	Steckbrief
Teamteaching	Textlupe
Unser Weg	
Visualisieren	vergleichen-verknüpfen-verorten
Wikis	Weblog
Zukunftswerkstatt	Zeitmanagement

Abb. 5: Liste möglicher innovativer Methoden (LI Hamburg 2010a: 26)

Weltwirtschaftskrise – verstehen was die Welt bewegt

Im Zusammenhang mit Methoden und dem Thema Globalisierung soll an dieser Stelle noch der Band „Aspekte der Globalisierung – ein Methodenband" (Bauer et al. 2007) empfohlen werden, da mit Hilfe dieses Bandes Methodenkompetenz am Beispiel der verschiedenen Dimensionen der Globalisierung erarbeitet werden kann.

Wie weiter oben bereits erwähnt, ist für Globales Lernen im Sinne einer Bildung für nachhaltige Entwicklung wichtig, dass verschiedene Perspektiven bzw. Interessenlagen beleuchtet werden. Dementsprechend wurde in der Arbeitsphase des Symposiums die Methode Rollentausch angewandt. Lediglich eine Gruppe behielt die Lehrerperspektive bei, in der dann folgende erkenntnisleitende Fragen diskutiert wurden:

- Welche eigenen Erfahrungen liegen zum Thema Globalisierung und Weltwirtschaft vor?
- Wie wird sich die Weltwirtschaft zukünftig entwickeln?
- Welche allgemeinen und speziellen Kompetenzen können durch relevante Globalisierungsthemen entwickelt und gestärkt werden?
- Welche Themen sind relevant?
- Wie kann eine integrative Betrachtung im Rahmen des Feldes Globales Lernen erfolgen?
- Welche innovativen Methoden sind relevant und sollten eingesetzt werden?
- Welche Medien können benutzt werden?

Dementsprechend standen hier Diskussionen über Kompetenzen, Inhalte und Methoden von integrativem Globalisierungsunterricht im Vordergrund.

Eine zweite Gruppe nahm in der Arbeitsphase die Rolle der Schüler ein; Fragen waren hier:

- Welche eigenen Erfahrungen haben Schüler mit dem Thema Globalisierung und Weltwirtschaft?
- Welche Vorstellungen bestehen zur Globalisierung und zur Weltwirtschaftskrise?
- Welche kritischen Einstellungen bestehen zum Thema Globalisierung und Wirtschaft?
- Welche allgemeinen und speziellen Kompetenzen bringen Schüler in den Oberstufenunterricht mit und können für einen Globalisierungsunterricht genutzt werden?
- Welche Themen sind aus Schülersicht relevant?
- Welche Medien und Methoden werden von Schülern bevorzugt?

In dieser Gruppe gab es entsprechende Diskussionen über die Interessen und Lebensbezüge der Schüler sowie deren kognitiven und affektiven Voraussetzungen für das Thema Globalisierung und Wirtschaft.

Aus der Perspektive der Hansestadt Hamburg stellte sich die dritte Gruppe folgende Fragen zur Globalisierung und zur Weltwirtschaftskrise, worauf eine rege Diskussion über die globale wirtschaftliche Einbindung des lokalen Beispiels Hamburg folgte:

- Welche Bedeutung hat die Globalisierung und die Weltwirtschaft für Hamburg?
- Welche Themen lassen sich hieraus für den Geographieunterricht ableiten?
- Wie wirkt sich die Weltwirtschaftskrise auf Hamburg aus?
- Welche außerschulischen Lernorte können aufgesucht werden?
- Welche allgemeinen und speziellen Kompetenzen können mit einem lokal ausgerichteten Globalisierungsunterricht genutzt und entwickelt werden?

Eine weitere Arbeitsgruppe diskutierte das Thema Weltwirtschaftskrise aus der Perspektive Griechenlands, indem die Chronologie der Entwicklungen seit dem Beginn der Währungsunion und die Folgen für den Staat und seine Bewohner im Vordergrund standen:

- Wie konnte es zur griechischen Schuldenkrise kommen?
- Welche Entwicklungen vollzog Griechenland seit der Währungsunion?

- Welche Auswirkungen hat die Krise für Schulen in Griechenland?
- Welche Vorurteile existieren zur Situation Griechenlands?
- Welche Kriterien können herangezogen werden, um die Situation Griechenlands objektiv bewerten zu können?
- Welche kritischen Einstellungen zum Thema Globalisierung und Wirtschaft bestehen in Griechenland?
- Wie ist die wirtschaftliche Zukunft Griechenlands zu bewerten?

Letztlich wurde bei allen Gruppen deutlich, dass es mit den vertauschten Rollen gelang, sehr intensiv und vielschichtig in die Diskussion zum Thema Globalisierung und Weltwirtschaftskrise einzusteigen. In allen Gruppen zeigte sich aber auch, dass die Lehrerperspektive und damit auch die Gedanken um die Möglichkeiten der unterrichtlichen Umsetzung nicht ausgeschaltet werden konnten und für alle Beteiligten am relevantesten waren.

Wie beim Rollentausch geht es auch bei der Methode Planspiel, auf die in diesem Kapitel abschließend noch etwas genauer eingegangen werden soll, darum, die eigene Perspektive zu verlassen und eine andere Rolle einzunehmen. Diese Methode eignet sich aus folgenden Gründen sehr gut für die unterrichtliche Bearbeitung des Themas Weltwirtschaftskrise. Mit einem Planspiel können Probleme und Konflikte der Wirklichkeit in eine Spiel- und Übungssituation für den Unterricht einfließen. Damit lernen Schüler wirklichkeitsnah, Lösungen für diese Probleme und Konflikte zu finden. Die Methode Planspiel ist also handlungs- und problemorientiert ausgerichtet, so dass mehrere Kompetenzen gestärkt werden: Während der Einführungs- und Informationsphase eines Planspiels erarbeiten sich die beteiligten Schüler die notwendige Sachkompetenz, indem sie den Konflikt, die Akteure und die Strukturzusammenhänge kennenlernen, verstehen und erklären können. In der Phase der Strategiebildung werden Informationen verarbeitet, es wird bewertet, strukturiert, geplant und schließlich eine Strategie präsentiert, so dass die Methodenkompetenz mit diesen Handlungen geschult wird. Bei der Interaktion zwischen den Planspielgruppen und der abschließenden Konferenz sind verschiedene Werte-, Individual- und Sozialkompetenzen der Schüler gefordert, hier geht es um Kritik-, Konflikt- und Kompromissfähigkeit sowie um Solidarität. So können sämtliche Konflikte, die sich aus der Realität der Weltwirtschaftskrise ergeben (z.B. Schuldenerlass für Griechenland, Akteure: Politiker, Unternehmer, Steuerzahler jeweils aus Griechenland und Deutschland sowie Griechenlandtourist aus Deutschland und Deutscher mit griechischer Herkunft), mit Schülern der Sekundarstufe I oder II mit dieser Methode spielerisch und strategisch aufgearbeitet und problemorientiert behandelt werden.

5. Schlussbetrachtung

Im Fokus der vorherigen Ausführungen zum Thema „Weltwirtschaft und dessen didaktische Umsetzung" stand eindeutig die ökonomische Dimension der Globalisierung. Insofern soll an dieser Stelle zumindest erwähnt werden, dass relevante Themen wie Globalisierung und Entwicklung sowie allgemeine ökologische und soziale Aspekte der Globalisierung im Sinne einer angestrebten nachhaltigen Entwicklung gleichberechtigt anzusehen sind. Für die Schule wie für die Lehre an den Universitäten ist zu berücksichtigen, dass die ökonomische Dimension der Globalisierung letztlich in eine mehrdimensionale Betrachtung der Globalisierung einfließen sollte. Mit dieser Mehrdimensionalität der Globalisierung wird also das eingangs benannte und im-

Weltwirtschaftskrise – verstehen was die Welt bewegt

mer wieder aufgegriffene didaktische Konzept des Globalen Lernens erneut hervorgehoben und es wird empfohlen diesen übergeordneten inhaltlichen Rahmen zu nutzen. Dies gelingt z.B. auch mit dem Ansatz der Weltfragmentierung von Scholz (2008: 12). Diese Konzeption verdeutlicht im Überblick die mit der Globalisierung und dem internationalen Wettbewerb zu begründende Fragmentierung der Welt: Einerseits die ökonomisch dominante Triade und andererseits die Peripherie. Die Menschen der Peripherie sind nach Scholz dreifach benachteiligt: Ihre Arbeitskraft wird nicht benötigt, als Konsumenten spielen sie keine Rolle und ihre Erzeugnisse werden global nicht nachgefragt. Lediglich einzelne Regionen der Peripherie sind in Globalisierungsprozesse eingebunden, die von anderen Autoren als Transformationsländer angesprochen werden.

Abschließend bleibt festzuhalten, dass auf dem Hamburger Symposium versucht wurde, das Schlüsselthema Weltwirtschaftskrise aus der Perspektive des Globalen Lernens aufzugreifen und mit Bezug zur Hamburger Bildungssituation nutzbar zu machen. Deutlich geworden ist, dass das Thema Weltwirtschaftskrise nicht nur ein kompliziertes, gesellschaftlich wichtiges und sehr aktuelles Thema ist, sondern dass es auch für den Geographieunterricht sehr relevant ist. So wurden mit dem vorliegenden Beitrag die verschiedenen Komponenten, die das Thema Weltwirtschaft im Geographieunterricht ausmachen, erfasst. Hier steht die im vorliegenden Zusammenhang wegen ihrer raschen Entwicklung und Veränderung nicht leicht nachzuvollziehende Sachstruktur an erster Stelle. Diese komplexen fachwissenschaftlichen Hintergründe müssen erfasst werden und im Unterricht nachvollziehbar sein. Insofern sind in diesem Schritt systematisch Schülervorstellungen und fachwissenschaftliche Vorstellungen aufeinander zu beziehen und für die Konstruktion von Unterrichtsinhalten zu nutzen. Zu betonen ist also für die Implementierung des Themas Weltwirtschaft im Geographieunterricht die Schülerorientierung. An den aufgezeigten Materialkategorien wurde erkennbar, dass an die Stelle einer fachsystematischen Perspektive die Perspektive der Schüler gerückt ist. Für die Themen einer modernen

Abb. 6: Weltwirtschaft im Geographieunterricht (Eigener Entwurf)

Geographie gilt es, die Interessen und Lebensbezüge der Schüler sowie deren kognitiven und affektiven Voraussetzungen zu berücksichtigen.

Bezüglich der konzeptionellen Vielfalt der Kompetenzmodelle ist hervorzuheben, dass es im Sinne des Globalen Lernens gilt, globale Zusammenhänge zu erschließen und daraus abzuleitende Verantwortung für sich selbst sowie Mitverantwortung für andere und die Entwicklung der Welt zu übernehmen. Diese soziale Kompetenz der Empathie und Verantwortlichkeit wird gut durch Perspektivwechsel erreicht, mit denen eine Bewertungs- und Urteilsfähigkeit erlangt wird. Solche Perspektivwechsel können durch entsprechende Methoden erfolgreich umgesetzt werden, wie zum Beispiel das Rollen- oder das Planspiel. Für die Geographie als Fach mit ausdrücklichem Raumbezug kann abschließend festgehalten werden, dass die Schüler mit einer solchen Analyse- und Beurteilungsfähigkeit letztlich Raumverhaltenskompetenz erlernen können.

Somit zeigt sich insgesamt, dass sich das Weltwirtschaftsthema sehr gut in den übergeordneten Ansatz des Globalen Lernens einbinden lässt (vgl. Abb. 6). Durch die inhaltliche Individualisierung der Schulen ist insbesondere in der Profiloberstufe eine fächerübergreifende fundierte Behandlung des Themas „Globalisierung, Weltwirtschaft und Krise" möglich.

Literatur

APPLIS, S. & S. HÖHNLE (2010): Was kostet die Welt? Schüler analysieren und diskutieren die Hintergründe unseres Konsumverhaltens, Praxis Geographie, Vol. 40. No. 2: 30-37

BAUER, J. et al. (2007): Aspekte der Globalisierung. Ein Methodenband, Braunschweig, Schroedel

BPB, Bundeszentrale für politische Bildung (2006): Lexikon der Wirtschaft, Bonn, Bibliographisches Institut

BRUNETTI, A. (2011): Wirtschaftskrise ohne Ende? US-Immobilienkrise/Globale Finanzkrise/Europäische Schuldenkrise, Bern, hep

DEGÖB, Deutsche Gesellschaft für Ökonomische Bildung (2004): Kompetenzen der ökonomischen Bildung für allgemein bildende Schulen und Bildungsstandards für den mittleren Schulabschluss, Köln

DGFG, Deutsche Gesellschaft für Geographie (2010): Bildungsstandards im Fach Geographie für den Mittleren Schulabschluss, Bonn

FHH, Freie und Hansestadt Hamburg, Behörde für Bildung und Sport (2004): Rahmenplan Geographie Bildungsplan Achtstufiges Gymnasium Sekundarstufe I, Hamburg

FHH, Freie und Hansestadt Hamburg, Behörde für Bildung und Sport (2009): Rahmenplan Geographie Bildungsplan Gymnasiale Oberstufe, Hamburg

FHH, Freie und Hansestadt Hamburg, Behörde für Bildung und Sport (2011): Geographie Bildungsplan Gymnasium Sekundarstufe I, Hamburg

International Herald Tribune v. 09.03.2010

KLAGGE, B. (2009): Finanzmärkte und Unternehmensfinanzierungen in räumlicher Perspektive, Zeitschrift für Wirtschaftsgeographie, Vol. 53. Nos. 1/2: 1-13

KOCH, M. & K. EGGERT (2012): Unterrichtseinheit „Globalisierung", *www.handelsblattmachtschule.de/download/download.php?id=132* [21.08.2012]

KULKE, E. (2011): Internationalisierung des Einzelhandels. Das Beispiel IKEA, Geographische Rundschau, Vol. 63. No. 5: 12-19

Le Monde Diplomatique (2009): Atlas der Globalisierung, Berlin, Taz

LI Hamburg, Landesinstitut für Lehrerbildung und Schulentwicklung (2010a): Didaktisches Konzept Globales Lernen Nr. 1, Hamburg

LI Hamburg, Landesinstitut für Lehrerbildung und Schulentwicklung (2010b): Hunger durch Wohlstand? Globales Lernen Nr. 2, Hamburg

LI Hamburg, Landesinstitut für Lehrerbildung und Schulentwicklung (2011): Haben wir eine globale Schutzverantwortung? Globales Lernen Nr. 3, Hamburg

LI Hamburg, Landesinstitut für Lehrerbildung und Schulentwicklung (2012): Wem nützt der Welthandel? Globales Lernen Nr. 4, Hamburg

LI Hamburg, Landesinstitut für Lehrerbildung und Schulentwicklung & FHH, Freie und Hansestadt Hamburg, Behörde für Schule und Berufsbildung (2011): Geographie, Gymnasium Sekundarstufe I, Hinweise und Erläuterungen zum Rahmenplan Geographie, Hamburg

LPB BW, Landeszentrale für politische Bildung Baden-Württemberg (2003): Globalisierung. Aspekte einer Welt ohne Grenzen, Villingen-Schwenningen, Neckar (Politik & Unterricht 4), www.politikundunterricht.de/4_03/globalisierung.pdf [21.08.2012]

LPB BW, Landeszentrale für politische Bildung Baden-Württemberg (2010): Finanz- und Wirtschaftskrise in Europa, Ulm, Süddeutsche Verlagsgesellschaft (Deutschland & Europa 59)

LPB BW, Landeszentrale für politische Bildung Baden-Württemberg (2012): Der Euro und die Schuldenkrise in Europa, Ulm, Süddeutsche Verlagsgesellschaft (Deutschland & Europa 63)

NOLTENIUS, F. (2010): Der KOF Index der Globalisierung, Praxis Geographie, Vol. 40. No. 2: 20-24

OSSENBRÜGGE, J. (2008): Entgrenzung, Regionalisierung und Raumentwicklung im Diskurs der Moderne, in: Schamp, E.W. (Hg.): Handbuch des Geographieunterrichts 9. Globale Verflechtungen, Köln, Aulis: 19-36

PFANNENSTEIN, B. (2011): Logistische Drehscheiben für Europa: Die Häfen Rotterdam und Hamburg, Praxis Geographie, Vol. 41. No. 9: 24-29

REICH, K. (2012): Unterrichtsmethoden im konstruktiven und systemischen Methodenpool. Lehren, Lernen, Methoden für alle Bereiche didaktischen Handelns, http://www.uni-koeln.de/hf/konstrukt/didaktik/index.html [21.08.2012]

SCHAMP, E.W. (2011): Finanzkrise in der Weltwirtschaft – Theoriekrise in der Wirtschaftsgeographie, Zeitschrift für Wirtschaftsgeographie, Vol. 55. Nos. 1/2: 103-114

SCHOLZ, F. (2008): Entwicklungsländer, Braunschweig, Westermann (Diercke Spezial)

SCHULER, S. (2005): Mysterys als Lernmethode für globales Denken, Praxis Geographie, Vol. 35. No. 4: 22-27

UPHUES, R. (2007): Die Globalisierung aus der Perspektive Jugendlicher. Theoretische Grundlagen und empirische Untersuchungen, Weingarten, Selbstverl. des Hochschulverbandes für Geographie und ihre Didaktik (Geographiedidaktische Forschungen 41)

UPHUES, R. (2008): Was verbinden Schüler mit dem Begriff „Globalisierung"?, Praxis Geographie, Vol. 38. No. 12: 54-55

Andreas Keil
Bergische Universität Wuppertal
FB G – Didaktik der Geographie, Schwerpunkt Sozialgeographie
Gaußstr. 20, 42119 Wuppertal
akeil@uni-wuppertal.de
http://www.fbg.uni-wuppertal.de/faecher/geographie/Personen/keil/

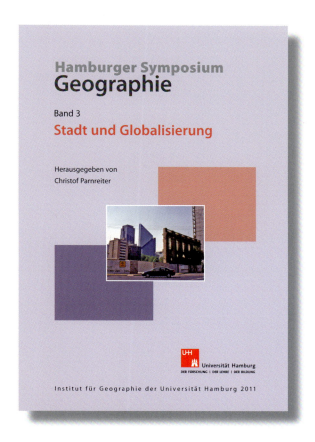
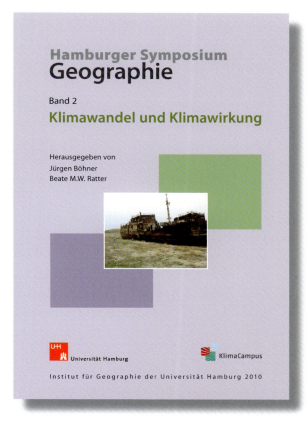
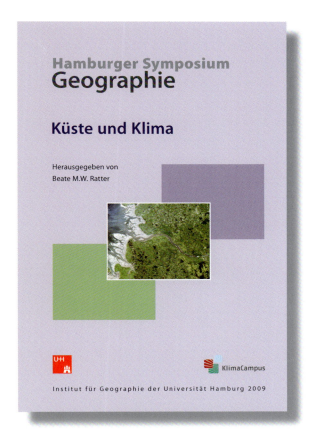

bereits erschienen

Zu beziehen über:

Bibliothek des Instituts für Geographie
der Universität Hamburg
bibliothek.geographie@geowiss.uni-hamburg.de